Steffen Lentz

Objektorientierte Techniken und Patterns bei betrieb
gen am Beispiel einer Controlling-Software

Bibliografische Information der Deutschen Nationalbibliothek:

Bibliografische Information der Deutschen Nationalbibliothek: Die Deutsche Bibliothek verzeichnet diese Publikation in der Deutschen Nationalbibliografie; detaillierte bibliografische Daten sind im Internet über http://dnb.d-nb.de/ abrufbar.

Copyright © 1999 Diplomica Verlag GmbH
Druck und Bindung: Books on Demand GmbH, Norderstedt Germany
ISBN: 9783838616254

http://www.diplom.de/e-book/217504/objektorientierte-techniken-und-patterns-bei-betriebswirtschaftlichen-anwendungen

Steffen Lentz

Objektorientierte Techniken und Patterns bei betriebswirtschaftlichen Anwendungen am Beispiel einer Controlling-Software

Diplom.de

Steffen Lentz

Objektorientierte Techniken und Patterns bei betriebswirtschaftlichen Anwendungen am Beispiel einer Controlling-Software

Diplomarbeit
an der Berufsakademie Stuttgart, Staatliche Studienakademie
Mai 1999 Abgabe

Diplomarbeiten Agentur
Dipl. Kfm. Dipl. Hdl. Björn Bedey
Dipl. Wi.-Ing. Martin Haschke
und Guido Meyer GbR

Hermannstal 119 k
22119 Hamburg

agentur@diplom.de
www.diplom.de

ID 1625

Lentz, Steffen: Objektorientierte Techniken und Patterns bei betriebswirtschaftlichen
Anwendungen am Beispiel einer Controlling-Software / Steffen Lentz ·
Hamburg: Diplomarbeiten Agentur, 1999
Zugl.: Stuttgart, Berufsakademie, Diplom, 1999

Dipl. Kfm. Dipl. Hdl. Björn Bedey, Dipl. Wi.-Ing. Martin Haschke & Guido Meyer GbR
Diplomarbeiten Agentur, http://www.diplom.de, Hamburg
Printed in Germany

Diplomarbeiten Agentur

Wissensquellen gewinnbringend nutzen

Qualität, Praxisrelevanz und Aktualität zeichnen unsere Studien aus. Wir bieten Ihnen im Auftrag unserer Autorinnen und Autoren Wirtschafts·studien und wissenschaftliche Abschlussarbeiten – Dissertationen, Diplomarbeiten, Magisterarbeiten, Staatsexamensarbeiten und Studien·arbeiten zum Kauf. Sie wurden an deutschen Universitäten, Fachhoch·schulen, Akademien oder vergleichbaren Institutionen der Europäischen Union geschrieben. Der Notendurchschnitt liegt bei 1,5.

Wettbewerbsvorteile verschaffen – Vergleichen Sie den Preis unserer Studien mit den Honoraren externer Berater. Um dieses Wissen selbst zusammenzutragen, müssten Sie viel Zeit und Geld aufbringen.

http://www.diplom.de bietet Ihnen unser vollständiges Lieferprogramm mit mehreren tausend Studien im Internet. Neben dem Online-Katalog und der Online-Suchmaschine für Ihre Recherche steht Ihnen auch eine Online-Bestellfunktion zur Verfügung. Inhaltliche Zusammenfassungen und Inhaltsverzeichnisse zu jeder Studie sind im Internet einsehbar.

Individueller Service – Gerne senden wir Ihnen auch unseren Papier·katalog zu. Bitte fordern Sie Ihr individuelles Exemplar bei uns an. Für Fragen, Anregungen und individuelle Anfragen stehen wir Ihnen gerne zur Verfügung. Wir freuen uns auf eine gute Zusammenarbeit

Ihr Team der *Diplomarbeiten* Agentur

Dipl. Kfm. Dipl. Hdl. Björn Bedey —
Dipl. Wi.-Ing. Martin Haschke ——
und Guido Meyer GbR ————

Hermannstal 119 k ————
22119 Hamburg ————

Fon: 040 / 655 99 20 ————
Fax: 040 / 655 99 222 ————

agentur@diplom.de ————
www.diplom.de ————

Inhaltsverzeichnis

Abbildungsverzeichnis

Kapitel 1

Einleitung

1.1 Allgemeines

In den letzten Jahren hat die Bedeutung des Computers immer weiter zugenommen. Es gibt heute kein Gebiet des täglichen Lebens mehr, das ohne die Unterstützung von Datenverarbeitungssystemen auskommt. Dazu gehören vor allem auch lebenswichtige Bereiche, beispielsweise in der Medizin oder der Luftfahrt. Selbst hochsensible Einheiten wie Atomreaktoren liegen in den Händen der programmierbaren Helfer, weil der Mensch alleine überfordert wäre und die Systeme nicht kontrollieren könnte. Sogar das Wohl der Weltwirtschaft hängt inzwischen durch den elektronischen Handel von Aktien und Devisen in wesentlichem Maße von Computern und deren korrekter Funktion ab.
Damit wachsen sowohl die technischen als auch die inhaltlichen Anforderungen an die Systeme ständig. Fehlerfreiheit in höchstem Maße ist für viele Anwendungsgebiete eine Grundvoraussetzung, kurze Antwortzeiten werden erwartet, ständige Verfügbarkeit gilt als selbstverständlich. Gleichzeitig sollen ganze Geschäftsprozesse automatisiert und in den Programmen abgebildet werden.

Software-Entwickler sehen sich der Herausforderung gegenüber, daß derartige Ansprüche an die Qualität bereits im Entwicklungsprozeß der Software berücksichtigt werden müssen. Die Komplexität der Aufgaben muß ebenso bewältigt werden wie die Zuverlässigkeit der Systeme sichergestellt sein muß. Zudem soll die Software bei notwendigen Änderungen oder Erweiterungen leicht zu warten sein. Für die recht junge Wissenschaft der Informatik ist dies keine leichte Aufgabe.
Aber auch von anderer Seite steigt der Druck auf Software-Entwickler. Die wirtschaftliche Entwicklung der letzten Jahre, insbesondere die Globalisierung, ließen den Konkurrenzkampf immer schärfer werden. Die Software-Systeme müssen folglich nicht nur mehr leisten, sie müssen auch noch schneller und billiger entwickelt werden. Wie regelmäßig vorhandene Schwierigkeiten bei Software-Projekten belegen, sind die herkömmlichen Entwicklungsmethoden an ihre Grenzen gelangt.

Einen Ausweg aus dem Dilemma kann ein grundlegend anderer Ansatz bieten – die Objektorientierung. Obwohl bereits in sechziger Jahren erdacht, erlebt sie erst seit etwa zehn Jahren ihren immer noch anhaltenden Aufschwung. Für die Software-Entwicklung bedeutet dies einen Paradigmenwechsel, denn die Objektorientierung bringt eine vollkommen andere Denk- und Herangehensweise mit sich. Wohl deshalb hat sie sich anfänglich auch nur langsam durchgesetzt, mußten doch erst viele Programmierer und Führungskräfte von den Vorteilen überzeugt werden. Auch die Schwierigkeiten der Entwickler, die neue Methode zu verstehen und zu verinnerli-

1

chen, dürfen nicht unterschätzt werden. Die Verwendung einer Programmiersprache mit objektorientierten Merkmalen, beispielsweise *C++*, garantiert nämlich längst nicht, daß auch die damit entwickelte Software tatsächlich objektorientiert ist. Bei Einführung der neuen Technik muß auch ein entsprechender Schulungs- und Coachingaufwand einkalkuliert werden, der zunächst als Mehrkosten verbucht werden muß.

Nach dem anfänglichen Zögern ist die Objektorientierung inzwischen zu einer Modeerscheinung geworden. Fachzeitschriften nehmen sich des Themas eingehend und immer wieder an, jede neue Software bezeichnet sich auf ihre Weise als „objektorientiert". Kein Entwicklungssystem kann mehr ohne dieses Wort in der Beschreibung auf den Markt kommen, selbst wenn es sich um eine so alte Sprache wie *COBOL* handelt.
Dieser Boom hat auch Schattenseiten, denn nicht alles, was als objektorientiert bezeichnet wird, verdient diese Beschreibung auch. Zu erwähnen sind hier in erster Linie Programmiersprachen wie „Delphi" von Inprise (ehemals Borland) oder „Visual Basic" von Microsoft. Sie versprechen eine schnelle visuelle Anwendungsentwicklung und werden von den Herstellern selbstverständlich als objektorientiert bezeichnet. Zutreffend ist dies jedoch bestenfalls im Ansatz, die wahren Vorteile lassen sich mit diesen Systemen nämlich nur schwer nutzen.

Die Objektorientierung hat auch zu einem völlig neuen Marksegment geführt, dem der Komponentensoftware. Software-Bausteine, die häufig benötigte Standardfunktionen (z.B. Kalender) abbilden, können für eigene Projekte einfach hinzugekauft werden. Man spart so die Eigenentwicklung. Eine Diskussion der Vor- und Nachteile dieses Systems ist ebenfalls Bestandteil dieser Arbeit.

Auch wenn der Einsatz der Objektorientierung mit anfänglichen Schwierigkeiten verbunden ist, der Profi-Bereich der Software-Entwicklung profitiert in höchstem Maße von dieser Methode. Die Wirtschaftlichkeit der Erstellung von Software konnte seither in vielen Fällen um ein Vielfaches gesteigert werden.
Gleichzeitig werden auf dieser Basis ständig neue Entwicklungen gemacht und Ideen geboren, die die Effizienz noch weiter erhöhen sollen. Dazu gehören beispielsweise auch die *Patterns*, denen später u.a. ein ganzes Kapitel gewidmet sein wird. Der Nutzen der Wiederverwendung wird hier auf einer noch höheren Abstraktionsebene gesucht, entsprechend können diese Muster auch zugleich in vielen verschiedenen Gebieten hilfreich angewendet werden.

Diese und andere objektorientierte Techniken sind Gegenstand dieser Arbeit.

1.2 Ziel der Arbeit

Diese Arbeit zeigt zunächst die Gründe auf, die zu dem immer noch anhaltenden Paradigmenwechsel in der Software-Entwicklung geführt haben. Die technischen und wirtschaftlichen Ansprüche an eine Programmiermethode, die Lösungsansätze der herkömmlichen Programmierung, sowie die daraus resultierenden Probleme werden daher im zweiten Kapitel beschrieben.
Als Ausweg aus der häufig so bezeichneten Software-Krise wird dann die objektorientierte Idee erläutert. Dieses sowie die Analyse und das Design von objektorientierten Projekten sind Gegenstand des dritten Kapitels. Es werden Techniken erläutert und verschiedene Ansätze diskutiert.
Im darauf folgenden Praxisteil werden zunächst die Grundlagen von Vorgehensmodellen sowie die wichtigsten Vertreter vorgestellt. Die Entwicklungsschritte ei-

nes OO-Projekts unter Verwendung der *Unified Modeling Language* (UML) werden dann anhand praktischer Beispiele erläutert. Anschließend kommen verschiedene Problemstellungen bei der Verwendung von objektorientierten Techniken zur Sprache. Frameworks, Classlibraries und Komponenten werden ebenfalls erläutert und mit den *Microsoft Foundation Classes* wird ein Beispiel für ein Framework vorgestellt.

Gewissermaßen als weitere Steigerung der Objektorientierung, sowohl in Bezug auf Effizienz als auch auf Abstraktion, kann man die schon erwähnten Patterns verstehen. Die Idee, die Bereiche und die Anwendung dieser noch neueren und noch mehr im Aufstreben begriffenen Technik werden im fünften Kapitel erläutert. Das sechste Kapitel ist der praktischen Anwendung der beschriebenen Techniken am Beispiel einer neu entwickelten Software gewidmet.

1.3 Praxisteil

Am Beispiel einer Controlling-Software wird der Einsatz der vorgestellten Techniken beschrieben. Die Anwendung wurde für die interne Verwendung bei einer mittelständischen Unternehmensberatung, der Firma X in Frankfurt, entwickelt. Die Firma X hat sich in erster Linie auf Beratung und Entwicklung im EDV-Bereich spezialisiert. Dazu gehören u.a. Sparten für SAP, Data Warehousing, Internet/Intranet und die Entwicklung maßgeschneiderter Anwendungen nach Kundenwunsch. Betreut werden in erster Linie Großkunden, als Beispiel seien die Lufthansa und die Commerzbank erwähnt.

Die Controlling-Software „CS" ermittelt Zahlen und Trends aus Daten, die in den Datenbanken einer Projektverwaltung und einer Zeiterfassungs-Software liegen. Als Bewegungsdaten interessieren hier in erster Linie Umsatz und geleistete Stunden. Bezogen werden sie auf Kunden, Projekte und Mitarbeiter. Die Ausgabe erfolgt entweder tabellarisch mittels eines Report-Generators oder grafisch aufbereitet, wobei verschiedene Diagrammtypen zur Verfügung stehen.

Entwickelt wurde die Controlling-Software mit Microsoft „Visual C++", basierend auf den *Microsoft Foundation Classes* (MFC).

Kapitel 2

Die Software-Entwicklung im Umbruch

2.1 Problemstellungen bei der Software-Entwicklung

Es gibt etliche Eigenschaften, die einer guten Programmiermethode zugerechnet werden können. Dennoch führen alle zu einem großen übergeordneten Ziel: **Wirtschaftlichkeit.**
Das Streben nach größerer Effizienz ist in den letzten Jahren zunehmend wichtiger geworden. Komplexer werdende Aufgabenstellungen kombiniert mit weltweiter Konkurrenz, diese Aufgaben schneller und billiger zu lösen, führen unausweichlich zur Beurteilung einer Methode daran, wie – in der Gesamtbetrachtung – kosteneffizient mit ihr Software entwickelt werden kann.

Zu den Eigenschaften, die positiv dazu beitragen, gehört unmittelbar der mögliche Grad an Produktivität. Da Software in aller Regel unter Termindruck entwickelt wird, ist eine Methode interessant, die möglichst schnell zum Ziel führt. Erreicht werden kann dies in erster Linie mit den unterstützten Möglichkeiten zur Wiederverwendung von bereits entwickelten Bestandteilen[1].
Beispielsweise gibt es in jedem Programm bestimmte Standardaufgaben wie die Verwaltung des Benutzerinterfaces, des Speichers, der Ein- und Ausgabe und das Exception Handling (Behandlung von Ausnahmesituationen). Diese Funktionen tauchen so oder so ähnlicher Weise in allen Programmen auf und nehmen in der Regel einen erheblichen Teil der zu erstellenden Software in Anspruch. Wenn es Möglichkeiten gibt, die entsprechende Funktionalität z.B. aus in der Vergangenheit entwickelten Programmen zu übernehmen, dann ist bereits ein erheblicher Produktivitätsfortschritt gelungen. Andernfalls muß bei jedem Programm gewissermaßen „das Rad neu erfunden werden", was nicht nur Zeit und andere Ressourcen kostet, sondern auch jedesmal das Risiko neuer Fehler birgt.
Dies ist auch ein weiterer Aspekt einer guten Programmiermethode. Sie muß gewährleisten, daß die mit ihr entwickelte Software schon vom Ansatz her qualitativ gut und möglichst fehlerfrei ist. Bei Wiederverwendung bereits anderswo im Einsatz befindlicher Teile ist zugleich die Chance höher, daß dort eventuelle Fehler bereits gefunden und behoben wurden.
Zur Sicherstellung der Qualität gehört auch die Möglichkeit, wie programmierte Funktionen getestet werden können. Je einfacher dies ist, umso eher werden Fehler gefunden. Letztendlich geht es bei der Software-Qualität nicht nur um die Vermeidung eher unangenehmer Funktionsstörungen. Bei den erwähnten kritischen System

---

[1] Wie später noch erläutert wird, geht es hier nicht nur um die Wiederverwendung von Code.

4

kann auch ein kleiner Fehler verheerende Auswirkungen haben[2]. Außerdem ist Qualität ein wesentlicher Wettbewerbsfaktor, denn ständige Nachbesserungen an bereits ausgelieferten Programmen verursachen nicht nur enorme Kosten[3], sondern schädigen auch den Ruf des Software-Herstellers als Dienstleister.

Ebenfalls interessant bei einer Methode ist deren Fähigkeit, Änderungen und Erweiterungen zuzulassen. Änderungen betreffen in erster Linie die Wartung der Software, also Behebung von Fehlern und marginale Erweiterungen der Funktionalität. Es sollte zum einen möglichst einfach sein, die entsprechenden Stellen zu lokalisieren. Zum anderen sollte auch sichergestellt sein, daß eine Änderung nur Auswirkungen auf einen klar ersichtlichen Bereich hat und nicht Teile der Software betrifft, von denen vorher nichts erahnt werden kann. Erweiterungen an bestehenden Programmen sollten ebenfalls möglichst einfach einzubauen sein, da sie in aller Regel früher oder später vom Benutzer gewünscht werden. Auch hierbei sollte der Einfluß auf den Rest des Systems möglichst gering sein.

Für größere Projekte unerläßlich ist auch eine gewisse Teamfähigkeit der Methode. Das zu entwickelnde Programm sollte sich so in einzelne Teile zerlegen lassen, daß diese von unterschiedlichen Programmierern oder Gruppen bearbeitet werden können. Dabei muß z.B. durch Definition der Schnittstellen sichergestellt sein, daß beim Zusammensetzen der Einzelteile auch gute Chancen bestehen, daß das Ganze wie beabsichtigt funktioniert.

Insgesamt gesehen ist eine Methode gesucht, die die Produktion von Software im **industriellen** Stil erlaubt.

2.2 Software-Entwicklung im herkömmlichen Stil

Bevor die Objektorientierung ihren Aufschwung erlebte, war die sogenannte strukturierte oder modulare Programmierung (*SA/SD, Structured Analysis / Structured Design*) Stand der Technik und weit verbreitet. Sie geht u.a. auf die Arbeiten von Yourdon[4] zurück. Noch immer sind die meisten derzeit laufenden Software-Systeme mit dieser Methode entwickelt worden und nach wie vor steht sie – zumindest für manche – in Konkurrenz zur Objektorientierung.

Dieser Ansatz basiert auf der funktionalen Dekomposition, d.h. die zu lösende Aufgabe wird zur Bewältigung der Komplexität in immer kleinere Verarbeitungsschritte zerlegt. Als Hauptwerkzeug während der Analysephase dient das Datenflußdiagramm, mit dem in rekursiven Schritten beginnend auf der obersten Ebene komplexe Prozesse solange in immer kleinere unterteilt werden, bis diese mit der verwendeten Sprache zu implementieren sind. Die Methode ist somit hierarchisch und wird auch als Top-Down-Ansatz bezeichnet[5].

Die so entstandenen Funktionen werden in Modulen zusammengefaßt. Ein Modul beinhaltet inhaltlich verwandte oder zusammengehörende Funktionen sowie die Daten, mit denen diese Routinen arbeiten. Ein Programm besteht aus mehreren Modulen, die untereinander durch Funktionsaufrufe kommunizieren. Bei der Orientierung des hierarchisch strukturierten Ansatzes stehen somit eindeutig die Funktionen und nicht die Daten im Vordergrund.

Durch die Gruppierung von Funktionen entstanden auch schnell ganze Funktionsbibliotheken. Standardaufgaben wie z.B. Umwandlungsroutinen wurden hierin ausgelagert und konnten somit auch in späteren Projekten wieder eingesetzt werden. Ein erster Schritt zur Wiederverwendung von Source-Code war getan.

---

[2] Als Beispiel sei an das Siemens-Stellwerk der Deutschen Bahn erinnert, bei dem ein Speicherüberlauf von wenigen Bytes den Zugverkehr über Stunden lahmlegte.

[3] Je nach Quelle reichen die Angaben über die Mehrkosten eines erst nach Auslieferung entdeckten Fehlers vom Faktor 100 bis zum 10 000-fachen. Vgl. z.B. [11], Seite 48

[4] Yourdon, Edward; Structured Design; Prentice Hall 1979

[5] vgl. [16], Seite 324

2.3 Die Software-Krise

Wenn die meisten Software-Systeme, die auch heute noch im Einsatz sind, mit der altbekannten strukturierten Methode entwickelt wurden und offensichtlich funktionieren, so stellt sich die Frage nach dem tatsächlichen Änderungsbedarf der Vorgehensweise. Die Gründe für den Drang zum Wandel verbergen sich hinter dem Schlagwort der „Software-Krise".

Fast jeder, der auch nur entfernt mit Computern zu tun hat, hat bereits die vorhandenen Defizite in der Software-Entwicklung zu spüren bekommen oder zumindest davon gehört:

- Software-Projekte werden nicht zum geplanten Termin fertig oder werden ganz abgebrochen.

- Das ursprünglich vorgesehene Budget wird zum Teil deutlich überschritten.

- Die entwickelte Software leistet nicht das, was eigentlich beabsichtigt war oder ist fehlerhaft.

Dies sind die Kernbestandteile der Software-Krise, wenn auch manche Autoren sie bereits als „chronic software affliction"[6] bezeichnen, da sie uns fast seit Beginn des Computerzeitalters begleitet[7].
Ein häufig genanntes Argument für die Erklärung dieser Phänomene ist die Tatsache, daß die Informatik bzw. die Software-Entwicklung im Vergleich zu anderen Wissenschaften sehr jung ist und nur auf einen entsprechend geringeren Erfahrungsschatz zurückgreifen kann. Der außerordentlich schnelle technologische Fortschritt macht es zudem schwerer, Methoden zu entwickeln und reifen zu lassen, da sie schnell wieder überholt sind und durch neuere Techniken ersetzt werden. Trotz der Richtigkeit dieser Feststellung lohnt sich eine differenzierte Analyse der Situation.

Für den letzten der oben genannten Punkte liegt einer der Gründe für diese Dauerkrise in erheblichen Defiziten bei der Erfassung der Anforderungen für ein System. Zum einen besteht teilweise eine klaffende Lücke zwischen Programmierern und Anwendern. Man könnte auch sagen, die beiden sprechen nicht die selbe Sprache, da Programmierer als Fachfremde des jeweiligen Anwendungsbereichs nur aus ihrer sehr technischen Sichtweise an eine neue Software herangehen, während die Anwender ebenfalls aus Knowhow-Gründen nur ihren Fachbereich betrachten können.
Desweiteren gibt es aber auch Schwierigkeiten beim sogenannten *Requirements-Management*, die mittelbar Auswirkungen auf die späteren Produkte haben. Unter Requirements-Management versteht man die Verwaltung der System-Anforderungen, also beispielsweise die logische Verbindung zwischen einem Kundenwunsch und einer Programmfunktion. Es ist einerseits ein Hilfsmittel für die Kommunikation zwischen Entwicklern und Anwendern, andererseits besteht die Aufgabe aber auch in der Wahrung der Übersicht über den Stand des Projekts. Dies ist umso mehr von Bedeutung, als sich erfahrungsgemäß die Anforderungen an eine Software noch während ihrer Entwicklung mehrfach ändern. Fehlgeschlagene Projekte haben sehr häufig ihre Ursachen in einem schlechten Management der Anforderungen[8]. Wie eine Untersuchung der Standish-Group, der sogenannte „Chaos-Report", zeigte, liegt

---

[6]zu Deutsch etwa: chronisches Software-Leiden
[7]vgl. [22]
[8]Spektakuläre Beispiele sind der neue Flughafen in Denver, der zwei Jahre wegen der fehlerhaften Software der Gepäckbeförderungsanlage nicht in Betrieb gehen konnte. Hier wurden zuviele Änderungswünsche nachträglich in das System eingefügt, was letztendlich die Stabilität der ganzen Software erheblich beschädigte. Die Bruchlandung eines Airbus A320 der Lufthansa in Warschau mit zwei Toten kann ebenfalls in diese Kategorie aufgenommen werden. Das Flugzeug bremste trotz des Kommandos des Piloten nicht ab, da ein Gewichtssensor im Fahrgestell aufgrund eines

der häufigste Grund für gescheiterte Projekte in unvollständig erfaßten Anforderungen (13,1%), Spezifikationsänderungen sind immerhin noch auf Platz sechs (8,7%)[9]. Letztendlich können hier nur bessere Analysemethoden und ein sorgfältiges Management einen Ausweg bieten und verhindern, daß weiterhin Programme von vornherein fehlerhaft oder am zu lösenden Problem vorbei entwickelt werden. Darauf wird später noch näher eingegangen werden.

In Bezug auf mangelnde Qualität der Software und das daraus resultierende immer wiederkehrende Überschreiten der gesetzten zeitlichen und finanziellen Grenzen müssen aber auch die technischen Methoden der Software-Entwicklung auf den Prüfstand. Gerade hier hat sich die Situation – aufgrund der steigenden Komplexität der Systeme – in den vergangenen Jahren zunehmend verschlimmert[10].
Wenn man den herkömmlichen Ansatz der Software-Entwicklung mit den im ersten Teil des Kapitels erläuterten Eigenschaften einer effizienten Programmiermethode vergleicht, so wird schnell deutlich, daß es trotz der häufigen Anwendung erhebliche Defizite der alten Vorgehensweise gibt.
So ist einer der Nachteile der strukturierten Programmierung von fundamentaler Natur. Wie erläutert, orientiert sich der Ansatz an den Funktionen anstatt an den Daten. Es hat sich aber gezeigt, daß die Daten der wesentlich stabilere Teil einer Anwendung sind. Aus der Praxis heraus betrachtet kommt es viel häufiger vor, daß Änderungen an Programmfunktionen gewünscht werden. Die zugrundeliegenden Daten, seien es Artikel und Kunden bei einem Händler oder Passagiere und Flugzeuge bei einer Luftfahrtgesellschaft, sind dagegen kaum größeren Änderungen unterworfen. Bei einem an den Funktionen orientierten Ansatz ist es offensichtlich, daß Modifikationen an der Funktionalität der Software unter Umständen Auswirkungen auf die gesamte Architektur des Systems haben können. Das bedeutet, Arbeiten an einem Teil des Programms können Einfluß auf andere Bereiche haben. Da Änderungen an den Funktionen des Programms aber aufgrund von Erfahrungswerten von vornherein absehbar sind, stellt sich die Frage, ob der Ansatz wirklich die optimale Vorgehensweise darstellt.
Auch die Wiederverwendung, die in der strukturierten Methodik möglich ist, kann noch erheblich verbessert werden. So ist es beispielsweise kaum zu realisieren, wiederverwendete Funktionen an spezielle Bedürfnisse anzupassen oder zu erweitern. Liegt ein Fall vor, in dem eine bereits vorhandene Funktion nur in abgewandelter Form verwendet werden kann, so endet dies im strukturierten Ansatz häufig mit einer kompletten Neuentwicklung der Prozedur.
Auch wenn es Funktionsbibliotheken gibt, die einen Teil der Standardaufgaben eines Programms übernehmen können, so ist dies immer noch nicht in ausreichendem Maße möglich. In der modernen Programmierung geht der Trend hin zur Wiederverwendung ganzer Subsysteme (Komponenten). Als Beispiel sei die Programmierung von Betriebssystemen mit grafischer Oberfläche (sei es Windows, OS/2 oder X-Windows) erwähnt. Bei all diesen Systemen dient als Programmierschnittstelle für Anwendungen ein sogenanntes *Application Programming Interface* (API). Dabei handelt es sich um eine funktionsorientierte Bibliothek mit in der Regel einigen hundert Prozeduren. Dennoch erfordert es auch hier noch ein ganz erhebliches Stück Handarbeit, um beispielsweise ein Fenster auf dem Bildschirm erscheinen zu lassen.

Aquaplaning-Effekts nicht bemerkte, daß die Maschine bereits auf dem Boden war. Auf wen der Bord-Computer in dieser Situation hören sollte, ist eine Frage der Requirements.

[9]vgl. [21]

[10]Der aktuelle Boom von „Linux" hat auch eine Diskussion darüber ausgelöst, ob die Lösung der Software-Krise in *OpenSource* liegt. Weil hier viele Leute ein Programm testen und eventuelle Fehler – bei entsprechender Fachkenntnis – auch selbst beheben können, sei das Ergebnis qualitativ bessere Software (vgl. [19]). Neben den unbestritten Vorteilen des OpenSource-Prinzips sei aber angemerkt, daß ein Ansatz gesucht werden muß, der Fehler von vornherein vermeidet anstatt diese erst im Nachhinein zu korrigieren.

Es ist offensichtlich, daß es hierbei um eine zwar grundlegende, aber dennoch völlig nebensächliche Aufgabe eines Anwendungsprogramms geht, auf die keinesfalls ein größerer Teil des Programmieraufwands entfallen sollte. Darauf bietet die modulare Programmierung aber nur unbefriedigende Antworten.

Zusammenfassend läßt sich feststellen:

- Die komplexer werdenden Aufgaben der Software-Systeme sowie die gestiegenen Ansprüche können mit den herkömmlichen Methoden nicht mehr zufriedenstellend beherrscht werden.

- Der härter werdende Wettbewerb verstärkt den Druck auf die Marktteilnehmer, effizientere Methoden zu suchen und einzusetzen.

- Die Programmierung von Betriebssystemen mit grafischer Benutzeroberfläche, die in den vergangenen Jahren immer verbreiteter wurden, ist prädestiniert für den Einsatz von Objektorientierung. Mit anderen Methoden ist die Software-Entwicklung hier wesentlich aufwendiger. Wie später noch erläutert wird, sind diese Programme außerdem grundsätzlich *ereignisorientiert*, da ihre Hauptaufgabe darin besteht, auf Nachrichten des Betriebssystems zu warten und darauf zu reagieren. Auch dem kommt der objektorientierte Gedanke entgegen.

Wie die Objektorientierung versucht, die beschriebenen Probleme zu lösen, wird im folgenden Kapitel beschrieben.

Kapitel 3

Objektorientierung - der neue Weg

3.1 Grundlegende Konzepte

3.1.1 Die Idee

Der grundlegende Gedanke der Objektorientierung besteht darin, Daten und Code zu zusammengehörenden Einheiten zusammenzufassen. Während vorher eine strikte Trennung der beiden propagiert wurde, bedeutet dies im Vergleich zum bisherigen Ansatz eine weitgehende Kehrtwendung[1].

Man sucht im Problemfeld einer Anwendung *Objekte*, seien sie abstrakter Natur oder auch in der realen Welt vorhanden, und versucht, diese im Software-Sytem nachzubilden. Dies geschieht, indem man die Eigenschaften (Daten) dieser Objekte und die Funktionen, die diese Daten bearbeiten, zusammenfaßt.

Betrachtet werden diese Objekte als *black box*, die ihr Innenleben vor der Außenwelt verbergen. Ein solcher schwarzer Kasten hat einen Zustand, der durch die Werte der Eigenschaften definiert wird, und ein Verhalten, das mittels der vorhandenen Operationen festgelegt wird.

In einem objektorientierten Programm kommunizieren die Objekte durch den Austausch von *Nachrichten* untereinander, entsprechend findet auch der Kontrollfluß im Programm statt.

3.1.2 Definition der Begriffe

Der Vollständigkeit halber seien an dieser Stelle kurz die Begriffe der Objektorientierung erläutert. Für eine tiefergehende Diskussion sei aber auf die einschlägige Literatur verwiesen[2].

Klasse

Eine Klasse ist ein benutzerdefinierter Datentyp, in dem Daten (hier genannt: *Eigenschaften* oder *Attribute*) und die Funktionen (hier genannt: *Methoden*), die diese Daten bearbeiten, zusammengefaßt werden.

Die Definition der Klasse kann in bezug zum Begriff *Typ* abgegrenzt werden. Unter dem Typ versteht man in der Objektorientierung die Schnittstelle (*Interface*) eines Objekts, also die Namen und Parameter der öffentlichen Methoden bzw. Attribute. Eine Klasse stellt die Implementierung eines Typs dar.

---

[1] vgl. [16], Seite 1
[2] vgl. [9], Seite 41ff, [23], Seite 33ff, [14], Seite 31ff

9

Es ist somit denkbar, daß zwei Objekte unterschiedlichen Klassen angehören, die aber beide die gleichen Schnittstellen bereitstellen. Die Objekte haben somit den gleichen Typ und sind – zumindest theoretisch – substituierbar. Die Differenzierung zwischen Klasse und Typ wird aber längst nicht von allen objektorientierten Sprachen unterstützt (C++ beispielsweise gehört nicht dazu).

Objekt

James Martin und James Odell definieren ein Objekt wie folgt:

> Ein Objekt ist eine wirkliche oder abstrakte Sache, über die wir Daten speichern und die zudem Methoden enthält, mit denen wir diese Daten manipulieren[3].

Während Klassen gewissermaßen als Bauplan dienen, sind Objekte die nach diesem Plan gefertigten Einheiten.

Kapselung

Die Kapselung ist ein Grundprinzip der Objektorientierung. Darunter versteht man u.a. das Verstecken der Eigenschaften eines Objekts vor der Außenwelt. Diese sind nur über die Methoden des Objekts zugänglich, die die sogenannte Schnittstelle bilden. Der Zugriff auf die Daten, gleich ob lesender oder schreibender Weise, kann so streng kontrolliert werden. Außerdem versteht man unter Kapselung auch das Verbergen der Implementierung eines Objekts. Von außen ist nur sichtbar, was das Objekt macht. Wie dies im Inneren realisiert ist, bleibt hingegen verborgen und kann folglich – vom Rest des Systems unbemerkt – verändert werden.

Vererbung

Das Konzept der Vererbung ermöglicht die Wiederverwendung von in einer Klasse A definierten Attributen und Methoden in einer Klasse B. Letztere ist in diesem Fall von der Basisklasse A abgeleitet. Die abgeleitete Klasse kann dann um weitere Merkmale (Attribute oder Operationen) erweitert werden oder geerbte Methoden überschreiben, d.h. anders implementieren. Es ist von der verwendeten Programmiersprache abhängig, ob eine Klasse eine oder mehrere Basisklassen besitzen kann. Die Wiederverwendung kann entweder programmintern stattfinden oder auch erst später in anderen Anwendungen angewendet werden.

Polymorphie

Hinter dem griechischen Wort *Polymorphie*[4] verbirgt sich ebenfalls ein sehr mächtiges Prinzip der Objektorientierung. Ein Beispiel für Polymorphie findet sich z.B. in folgender Technik: Objektorientierte Programmiersprachen lassen es zu, daß Zeiger (alternativ: Referenzen, z.B. in *Java*) vom Typ einer Basisklasse auch auf Objekte von abgeleiteten Klassen verweisen können. Ist dies der Fall und überschreibt die abgeleitete Klasse eine Methode des Vorgängers, so weiß der Aufrufer nicht, welche Implementierung nun tatsächlich verwendet wird. Das entscheidet das objektorientierte System. Dies ist auch zugleich ein Beispiel für das sogenannte *late binding*[5], da erst zur Laufzeit entschieden wird, welche Funktion aufgerufen wird.

3.1.3 Notation und Methode

Beide Begriffe beschäftigen sich in der objektorientierten Entwicklung zunächst mit unterschiedlichen Themen. Dennoch stehen sie miteinander in Verbindung und müssen voneinander abgegrenzt werden.

---

[3]vgl. [23], Seite 36
[4]zu Deutsch: Vielförmigkeit, Vielgesichtigkeit
[5]zu Deutsch: späte Bindung

Bei einer Notation handelt es sich um eine definierte Sprache zur Beschreibung und Visualisierung von Modellen für Software-Systeme[6]. Darin enthalten sind verschiedene Diagrammtypen und Symbole, die in ihrer Gesamtheit ein System sowohl in Hinsicht auf den statischen Aufbau als auch in Bezug auf die dynamisch ablaufenden Prozesse beschreiben können. Dagegen handelt es sich bei einer Methode[7] um eine konkrete Anleitung, welche Schritte bei einem organisierten Entwicklungsprozeß zu ergreifen sind[8]. Eine Methode hilft konkret bei Analyse und Design, eine Notation kann lediglich deren Ergebnisse darstellen.

Der Zusammenhang zwischen beiden besteht darin, daß die von einer Methode vorgeschlagenen Schritte in der Regel mit bestimmten Notationen verbunden sind, um diese darzustellen[9].

Wenn die eigentliche Hilfe für den Entwicklungsprozeß die Methode ist, so müssen die Gründe für die Bedeutung einer Notation näher erläutert werden. Auch eine Notation kann die Entwicklung eines Systems erheblich erleichtern. Im wesentlichen geschieht dies durch folgende Eigenschaften[10]:

- Eine Notation ermöglicht eine vereinheitlichte und eindeutige Beschreibung eines Systems. Sie ist somit ein Dokumentations- und Kommunikationsmittel, sowohl unter Entwicklern als auch im Verhältnis Anwender - Entwickler.

- Die Darstellung komplizierter Sachverhalte in grafischen Diagrammen dient der Komplexitätsbewältigung. Es vereinfacht somit die geistige Arbeit des Entwicklers und kann u.U. sogar erfolgreich Brainstorming-Techniken unterstützen.

- Mit der Entwicklung des Designs als Konzept kann das System bereits getestet werden, bevor es gebaut wird. Fehlentwicklungen können so in einem frühen Entwurfsstadium erkannt werden, wo sie am einfachsten (und somit am billigsten) zu korrigieren sind. Eine gut definierte Notation ermöglicht sogar eine maschinelle Konsistenzprüfung des Modells (z.B. mit CASE-Tools).

Die Notation, auf die im Verlauf dieser Arbeit noch näher eingegangen wird, ist die *Unified Modeling Language* (UML)[11]. Sie hat sich mittlerweile zur Standardnotation etabliert, da sie aus drei zuvor konkurrierenden, aber sich auch ergänzenden Ansätzen hervorgegangen ist. Schöpfer der Vorfahren sowie der UML sind die drei „Amigos" (Grady Booch, James Rumbaugh und Ivar Jacobson). Sie sind bei einer gemeinsamen Firma, Rational Software, tätig und arbeiten nach der Fertigstellung der Notation nun an einer vereinheitlichten Methode, der der Name *Rational Unified Process* gegeben wurde.

Die UML wurde mittlerweile durch die *Object Management Group* (OMG), einer Vereinigung fast aller namhaften Software-Anbieter, standardisiert und liegt demnächst in der Version 1.3 vor. Selbstverständlich beinhaltet die UML verschiedene Diagrammtypen, um sämtliche Entwicklungsschritte eines objektorientierten Software-Projekts begleiten zu können.

Für die Analysephase stehen beispielsweise UseCase-Diagramme zur Verfügung. Mit den Klassendiagrammen kann sowohl eine Geschäftsstruktur der realen Welt analysiert werden, als auch das Klassendesign einer Anwendung dargestellt werden. Für

---

[6]vgl. [14], Seite 143

[7]Streng genommen könnte man hier unterscheiden zwischen *Methode* und *Methodik* . Letzteres ist eine Sammlung von Methoden. Vgl. [2], Seite 35

[8]vgl. [6], Seite 1

[9]vgl. [16], Seite 177

[10]vgl. [2], Seite 217 und [16], Seite 178

[11]Eine vollständige Beschreibung der UML ist im Rahmen dieser Arbeit nicht möglich. Sie wird daher nur so weit erläutert, wie sie im vorgestellten Projekt verwendet wurde. Für weitergehende Information s. [6] und [14].

die dynamischen Prozesse verwendet man sogenannte Kollaborations- und Sequenzdiagramme. Wie diese Hilfsmittel eingesetzt werden, zeigt Kapitel 4.2.

3.2   Objektorientierte Analyse

3.2.1   Sinn und Zweck

Bei neu gestarteten Software-Projekten stehen die Entwickler immer wieder vor dem gleichen Problem: Sie müssen sich in ein ihnen fremdes Fachgebiet einarbeiten und aus den teilweise recht vagen Angaben der zukünftigen Anwender ein System entwerfen, das die gestellten Aufgaben zufriedenstellend erfüllt.
Es geht in dieser Phase zunächst darum, aus einer anfänglich groben Problembeschreibung ein Abbild der realen Welt (in dem der Problembereich der Anwendung ja liegt) zu modellieren und mit den Benutzern zu diskutieren. Diese Anforderungsanalyse dient dazu, den Problembereich und die darin vorhandenen Vorgänge zu verstehen und eventuelle Inkonsistenzen oder Unklarheiten in den Vorgaben aufzudecken. Die objektorientierte Analyse sollte aber von vornherein unabhängig vom verwendeteten Entwicklungssystem sein, da sie nur klären soll, *was* getan werden muß, aber nicht *wie*. Einer der wichtigsten Aspekte hierbei ist, daß die Modelle so präzise formuliert sind – auch und vor allem mit Hilfe einer Notation –, daß bei der Kommunikation mit dem Kunden Mehrdeutigkeiten nach Möglichkeit ausgeschlossen sind[12].
Die meisten Autoren (z.B. Coad und Yourdon, Rumbaugh) teilen den Vorgang der Systemanalyse in drei Bereiche auf[13]:

- Statische Sicht (Klassen, Objekte)

- Dynamische Sicht (Kommunikation der Objekte, Kontrollfluß)

- Funktionale Sicht (Methoden, Algorithmik)

Das statische Modell beschreibt, welche Klassen und Objekte miteinander interagieren. Das dynamische Modell legt fest, wann etwas passiert. Die funktionale Beschreibung letztendlich sagt, was passieren soll.

Die grundlegende Aufgabe der Analysephase besteht darin, die zumeist überwältigende Komplexität eines Anwendungsbereichs in den Griff zu bekommen. Man kann mit Sicherheit sagen, daß alle größeren Anwendungssysteme, mit denen man sich befaßt, grundsätzlich wesentlich komplexer sind, als daß sie der menschliche Geist in ihrer Gesamtheit erfassen könnte[14].
Das Prinzip, mit dem komplexe Aufgaben beherrschbar werden, geht bereits auf die alten Römer zurück, die mit ihrem riesigen Imperium ein ähnliches Problem hatten. Entsprechend heißt es auf Latein *divide et impera*[15]. In der Informatik wird dieses Verfahren häufig eingesetzt. So beruht beispielsweise der schnellste bekannte Sortieralgorithmus, *QuickSort*, auf dieser Methode[16].
Die strukturierte Analyse erreicht – wie bereits kurz erläutert – die Erzeugung überschaubarer Einheiten durch eine Untersuchung des Datenflusses und eine systematische Unterteilung in immer kleinere Funktionen. In der objektorientierten Analyse geschieht dies durch Einteilung des Problembereichs in Klassen und Objekte.

---

[12]vgl. [16], Seite 181
[13]vgl. [17], Seite 39
[14]Wie psychologische Untersuchungen zeigen, kann der Mensch maximal 7 (±2) Dinge gleichzeitig verarbeiten. Für unsere vielschichtigen Anwendungen ist das zuwenig. Vgl. [2], Seite 31
[15]zu Deutsch: Teile und herrsche
[16]vgl. [18], Seite 145ff

Hilfsmittel dabei ist u.a. die *Abstraktion*. Im Allgemeinen versteht man unter Abstraktion die Konzentration auf die wesentlichen und das Ausklammern der unwichtigen Aspekte eines zu verstehenden Systems. Eine Abstraktion hat somit immer ein Ziel, denn nur so kann entschieden werden, welche Aspekte wichtig sind und welche nicht[17]. Außerdem ist sie abhängig von der Perspektive des Betrachters[18]. Mit Hilfe der Abstraktion ist es dem Menschen möglich, durch eine verallgemeinerte Sicht auch mit komplexen Systemen zurechtzukommen. In der Objektorientierung dienen Objekte als Abstraktion der Gegenstände der realen Welt. Hier wird beschrieben, wie das Verhalten der Objekte von außen betrachtet aussieht, es wird aber von der Implementierung gelöst (also abstrahiert). Mit Klassen wird wiederum versucht, die Gemeinsamkeiten der Objekte zu abstrahieren[19].

Einen weiteren wichtigen Aspekt stellt das Erkennen einer Hierarchie unter den Klassen und Objekten dar. Gilbert Singer nennt diesen Vorgang *Layering*[20], da für jede Schicht der Klassen festgelegt werden kann, wie detailliert oder abstrakt diese ist. Die Untersuchung der Strukturen sowohl der Klassen als auch der Objekte trägt ebenfalls zur Bewältigung der Komplexität bei, da die Gemeinsamkeiten bzw. Unterschiede deutlich zu Tage treten[21]. Die Objekthierarchie gibt außerdem Aufschluß über die vorhandenen Interaktionen zwischen den Objekten und ist somit auch Teil der dynamischen Sicht.

Die dynamische Modellierung beschäftigt sich mit Veränderungen von Objekten bzw. ihrer Relationen zu einander im Verlauf der Zeit und entwickelt den Kontrollfluß innerhalb des Systems.

Wichtig in diesem Zusammenhang ist der Begriff *Ereignis*. Ein Ereignis ist der Reiz, der ein Objekt zu einem bestimmten Verhalten veranlaßt. Wie dieses Verhalten aussieht, hängt wiederum von den Werten der Attribute des Objekts ab, also von seinem *Zustand*. Reize können z.B. von anderen Objekten durch Senden von Nachrichten ausgelöst werden.

Nach diesen Definitionen sind die Mittel vorhanden, um das dynamische Verhalten der Objekte einer Anwendung zu modellieren. Dies geschieht z.B. in der UML-Notation mit Zustands-, Sequenz- und Kollaborationsdiagrammen. Ziel ist es hier, die Steuerung des Programms zu beschreiben, aber nicht, was die einzelnen Funktionen tatsächlich machen.

Genau das ist Gegenstand der funktionalen Modellierung. Dieser Teil dient unmittelbar der Vorbereitung der Codierung und wird z.B. von Booch gar nicht mehr als als Teil der Analyse geführt, sondern bereits dem Design zugerechnet. Man folgt hier im wesentlichen den altbekannten Datenflußdiagrammen, um zu beschreiben, wie aus einem Eingabewert das ausgegebene Ergebnis berechnet wird. Da dies die Ebene der Objektorientierung wieder verläßt, soll an dieser Stelle nicht näher darauf eingegangen werden. Für eine tiefergehende Darstellung der Thematik sei u.a. auf Rumbaugh ([16]) verwiesen.

Bei der Lektüre verschiedener Autoren zu diesem Thema läßt sich feststellen, daß das in dieser Phase erstellte betriebliche Klassenmodell gelegentlich als *konzeptuelles Design* bezeichnet und somit der Designphase zugerechnet wird. Anhand dieses Abgrenzungsproblems wird der Unterschied zum SA/SD-Ansatz verdeutlicht. Dort liegt ein harter Schnitt zwischen Analyse und Design vor, da beide Phasen thematisch nichts miteinander zu tun haben. In der Objektorientierung ist dieser Übergang

---

[17]vgl. [16], Seite 20

[18]vgl. [2], Seite 60ff

[19]vgl. [2], Seiten 37 und 136

[20]vgl. [20], Seite 104. Demgegenüber steht das *Partitioning* für eine vertikale Einteilung in thematisch verschiedene Bereiche, die dann z.B. auch von verschiedenen Entwicklergruppen bearbeitet werden können.

[21]vgl. [2], Seite 37

fließend, denn das Design der Anwendung muß aus dem Abbild der realen Welt lediglich weiterentwickelt werden.

Während der Analyse eines Software-Projekts wird zunächst wenig Produktives getan, was später unmittelbar in das Produkt eingeht. Dennoch ist diese Phase von großer Wichtigkeit für das gesamte Projekt. Wird hierbei nicht sorgfältig vorgegangen, so kann die Software letzten Endes Symptome aufweisen, die bereits im Kapitel „Die Software-Krise" besprochen wurden (z.B. Programme, die ihrer Aufgabe nicht gerecht werden oder bei Änderungswünschen nicht flexibel genug sind). In der Analysephase wird also der Grundstein für ein erfolgreiches Projekt gelegt.

3.2.2 Ansätze zur Lösung des Problems

Im vorangegangen Abschnitt wurde erläutert, welchen Aufgaben sich der Entwickler bei der objektorientierten Analyse konfrontiert sieht. Das Hauptproblem stellt hierbei immer noch das Entdecken der Klassen und Objekte dar. Es gibt verschiedene Vorschläge oder Methoden, wie dies vereinfacht werden kann. Einige davon sollen hier kurz vorgestellt werden[22].

Die sogenannten klassischen Ansätze schlagen eine einfache Kategorisierung vor. Als Beispiele seien genannt: Reale Dinge wie Geräte, Rollen wie Auftragnehmer oder Sachbearbeiter oder Ereignisse wie Angebotsanfrage. Diese Methode wird auch als *datenorientiert* bezeichnet.

Ein weiterer, recht trivialer Ansatz schlägt vor, in einem Text, der die zu lösenden Aufgaben der Anwendung beschreibt, alle Substantive und Verben herauszusuchen. Erstere sind die Objekte, letztere ihre potentiellen Methoden. Aus dem Ansatz entwickelte sich die Idee, diesen Vorgang maschinell durchzuführen. Dabei wurde aber deutlich, mit welchen Schwächen hier zu rechnen ist. Zu einem erheblichen Teil hängt es nämlich vom sprachlichen Vorgehen des Autors ab[23], wie der Text interpretiert wird. Für komplexe Anwendungen ist der Ansatz ungeeignet. Man bezeichnet diese Methode auch als *funktionsorientiert*, da man hier die Frage stellt, was ein Objekt tun muß, um zu existieren.

Eine Brainstorming-Methode stellen die CRC-Karten[24] dar. Alle Mitglieder eines Teams schreiben die Klassen, die während der Diskussion entdeckt werden, sowie deren Verantwortlichkeiten (d.h. Aufgaben) und Beteiligte (kooperierende Klassen) auf einzelne Karteikarten. Diese Karten können anschließend in der späteren Hierarchie der Klassen aufgestellt und in der Diskussion weiterentwickelt werden.

Eine andere Methode zielt in Richtung des Verhaltens der Objekte. Man untersucht die Verantwortlichkeiten, d.h. sämtliche Dienste, die ein Objekt für andere bereitstellt, gruppiert die Objekte dementsprechend und bildet so eine Klassenhierarchie.

In der sogenannten Bereichsanalyse untersucht man, welche Objekte in anderen Anwendungen für das gleiche Fachgebiet bereits verwendet wurden und sich als sinnvoll erwiesen haben. Man kann unterscheiden zwischen der vertikalen Bereichsanalyse, die ähnliche Anwendungssysteme miteinander vergleicht, und dem horizontalen Vergleich, in dem ein anderer Teil der selben Applikation auf gemeinsame Problemstellungen untersucht wird.

In der sogenannten Anwendungsfall- (oder Gebrauchsfall-)Analyse[25] untersucht man den Hergang, wie der Anwender mit dem System interagiert, um einen bestimmten Vorgang zu bearbeiten. Im Zusammenspiel mit mehreren Use-Cases kann dann festgestellt werden, welche Objekte betroffen sind und welche Verantwortlichkeiten diese jeweils haben.

---

[22]Für eine detailliertere Beschreibung siehe [2], Seite 198ff, [14], Seite 46 und [23], Seite 309ff
[23]Beispiel: substantivierte Verben
[24]steht für: Class-Responsibility-Collaborators, zu Deutsch: Klasse-Verantwortlichkeit-Beteiligte
[25]Englisch: Use-Case

Je komplexer eine Applikation ist, umso mehr solcher Anwendungsfälle gibt es natürlich. Alle zusammen beschreiben aber die vom Benutzer gewünschte Funktionalität des Programms. Es wird deutlich, daß diese Methode als wertvolles Analyse-Instrument eingesetzt werden kann.

Zusammenfassend kann man feststellen, daß alle diese Methoden nur Hilfsmittel sein können. Es gibt keinen Ansatz, der eine maschinelle Analyse eines Problembereichs ermöglicht und somit dem Menschen die Entscheidungen abnimmt. Genau in dieser geistigen Arbeit liegt also die Hauptaufgabe eines Software-Entwicklers während der Analyse.

3.3 Objektorientiertes Design

In der Analyse wurde der Problembereich allgemein untersucht und der Frage nachgegangen, *was* das System leisten soll. Nun folgt mit dem Design eine Phase, die der Vorbereitung der Codierung und damit der Frage nach dem *wie* dient. Es geht darum, die interne Klassen- und Objektstruktur der Anwendung zu modellieren.

Wichtigster Bestandteil dieses Entwicklungsstadiums ist die *Klassifizierung*. Nach dem *Entdecken* der Klassen in der realen Welt ist hier das Ziel, weitere Klassen, die zur Implementierung der Anwendung notwendig oder hilfreich sind, zu *erfinden*. Zu Beginn versucht der Software-Entwickler, Analogien zwischen verschiedenen Teilen der Anwendung zu erkennen und entsprechende Abstraktionen, also Klassen, zu kreieren. Der Gedanke dahinter ist, daß möglichst viele Teile der Anwendung durch Vererbung wiederverwendet werden sollen. Je mehr man in Abstraktionen zusammenfassen kann, umso effizienter ist dies möglich.

In der Regel werden die Klassen, die bereits während der Analyse entdeckt wurden, so oder so ähnlich auch in der Anwendung abgebildet werden. Zusätzlich können aber auch weitere Abstraktionen erfunden werden, die in der realen Welt nicht vorkommen und lediglich als Hilfsmittel bei der Implementierung dienen. Wie der Entwickler diese wählt, kann z.B. von Rahmenbedingungen wie Speicherbedarf oder Ausführungsgeschwindigkeit beeinflußt werden[26].

Wie in der Analyse, so gibt es auch hier kein Patentrezept, welches die Arbeit automatisiert. Gefragt sind also vor allem die Erfahrung und Intuition des Entwicklers. Einige Vorgehensweisen, die dennoch hilfreich sein können, werden im Praxisteil vorgestellt.

Ein grundlegendes Prinzip der Objektstrukturierung, das ebenfalls während dieser Designphase zur Anwendung kommt, ist die *Assoziation*. Eine Assoziation beschreibt eine Beziehung zwischen zwei Klassen[27]. Dies bedeutet, ein Objekt einer Klasse A kann mit einem anderen Objekt einer Klasse B kommunizieren. Es kennt die Struktur seines Interfaces (also seinen Typ) und kann es entsprechend benutzen. Beide Objekte existieren aber vollkommen unabhängig voneinander. Demgegenüber beinhaltet bei der *Aggregation* ein Objekt ein anderes, d.h. es besteht eine Part-of-Beziehung. Das Aggregat-Objekt übernimmt eine vorherrschende Rolle in der Kommunikation mit dem Rest des Systems und leitet nur ggf. Nachrichten an die enthaltenen Objekte weiter. Eine verstärkte Form der Aggregation ist die *Komposition*. Die meisten Aussagen über die Aggregation gelten auch hier, allerdings kann das enthaltene Objekt nur maximal während der Lebenszeit seines Containers existieren[28].

---

[26]vgl. [16], Seite 277
[27]Im Gegensatz dazu wird die Verbindung zwischen zwei Objekten in der UML-Definition als *Link* bezeichnet.
[28]vgl. [6], Seite 56ff und [14], Seite 192ff

Die Frage, welche Art der Beziehung (Assoziation oder Aggregation) man wählt, kann nicht immer eindeutig beantwortet werden und bietet in der Praxis immer wieder Grundlage für Diskussionen.

Grundlegend für ein gutes objektorientiertes Design ist auch die Frage, welche Klassen voneinander abgeleitet werden und welche mittels Aggregation oder Assoziation miteinander in Beziehung gesetzt werden. Eine Faustregel bietet hier der „is a"- bzw. „part of"-Ansatz. Man stellt die Frage, ob eine Objekt A vom Typ eines Objekts B *ist*, oder ob es ein Objekt B *hat*. Einfaches Beispiel: Ein Auto *hat* Räder, *ist* aber ein Fahrzeug.

In der weiteren Entwicklung wird eine Betrachtung des *Liskov Substitution Principles* (LSP) interessant[29]. Dieses Prinzip besagt, daß jede Spezialisierung an die Stelle des Allgemeinen treten können muß. Ob es in jedem Fall Ziel sein sollte, diese Ersetzbarkeit zu erreichen, ist jedoch umstritten[30]. So kann es durchaus Ziel einer Ableitung sein, das Verhalten einer Klasse nicht nur zu erweitern, sondern auch zu ändern.

Ein häufig genanntes Beispiel ist die Frage, ob eine Klasse „Quadrat" von einer Klasse „Rechteck" abgeleitet werden sollte. Gegner des LSP antworten hier mit „Ja", da ein Quadrat eine Spezialisierung eines Rechtecks ist. Befürworter Liskovs entgegnen, daß ein Quadrat signifikante Unterschiede in seinem Verhalten aufweise und entsprechend nicht abgeleitet werden dürfe.

Bei einer instinktiven Betrachtung des Sachverhalts wird die Berechtigung des LSP deutlich. Bei einer Vererbung wird intuitiv erwartet, daß sich das neue Objekt ebenso verhält wie sein Vorgänger. Ein Bruch dieses Prinzips kann zur Folge haben, daß bei vielen unterschiedlichen Verhaltensweisen verwandter Klassen der Überblick verloren geht. Eine Anwendung des Liskov Substitution Principles erscheint daher als durchaus sinnvoll, zumal bei einer gewünschten Verhaltensänderung einer Klasse dies auch durch Delegation erreicht werden kann. Durch die Definition einer neuen Klasse entsteht hier zwar zunächst etwas mehr Arbeit, was sich aber in einer klarer strukturierten Anwendung auszahlt.

Nach dem Schritt der Klassifizierung folgt die Festlegung der *Mechanismen*[31]. Darunter versteht man die Interaktion der Objekte miteinander. Mit diesem Schritt zur dynamischen Sicht wird die Grenze zwischen der Ebene der Klassen und der Ebene der Objekte endgültig überschritten. Eine Klasse beschreibt nur, wie sich ein Objekt dieser Klasse verhält. Als nächstes ist also interessant, wie Gruppen von Objekten zusammenarbeiten. Genau dieses wird hier definiert. Hilfestellung dabei können die Anwendungsfälle (Use-Cases) aus der Analyse geben. Anhand jeder möglichen Aktion des Benutzer modelliert man, was dabei im Innern der Anwendung unter den Objekten abläuft. Dieser Teil des Designs ist ebenfalls von großer Bedeutung, da somit gewährleistet wird, daß die Objekte wirklich flüssig zusammenarbeiten können. Je einfacher die Mechanismen sind, um so besser ist das Design.

---

[29]„What is wanted here is something like the following substitution property: If for each object o1 of type S there is an object o2 of type T such that for all programs P defined in terms of T, the behavior of P is unchanged when o1 is substituted for o2 then S is a subtype of T.". Vgl. Liskov, Barbara; Data Abstraction and Hierarchy; SIGPLAN Notices, 23,5 (Mai, 1988)

[30]vgl. z.B. Diskussion unter http://c2.com/cgi/wiki?LiskovSubstitutionPrinciple

[31]vgl. [2], 206ff

Kapitel 4

Objektorientierung in der Praxis

4.1 Methoden und Vorgehensmodelle

In diesem Kapitel werden zunächst die Grundlagen von Vorgehensmodellen erläutert. Außerdem werden die wichtigsten Methoden der objektorientierten Entwicklung kurz vorgestellt und voneinander abgegrenzt.

Beim Thema Entwicklungsprozeß liegen die Dinge ähnlich wie bei Analyse- oder Design-Methoden. Wie es keinen idealen Weg gibt, Abstraktionen zu finden, so gibt es auch keine „Kochbuch"-Lösung, die die gesamte Entwicklung eines Software-Systems trivialisieren würde. Viele Autoren haben ihre Vorschläge dazu gemacht, wie aus ihrer Sicht und aufgrund ihrer Erfahrung der Prozeß am besten beherrscht werden und eine ausgereifte Architektur zu realisieren ist. Alle diese Ansätze können aber nur eine Richtung weisen und müssen an die jeweiligen Gegebenheiten des Projekts angepaßt werden. Dies gilt auch für den derzeit in der Standardisierung begriffenen „Unified Process" der UML-Schöpfer Booch, Rumbaugh und Jacobson.

Zunächst stellt sich die Frage nach dem Sinn und Zweck einer Methode. Das Ziel des Entwicklungsprozesses im Allgemeinen ist es zunächst, einen möglichst reibungslosen Ablauf der Phasen und somit der Entwicklung der Software zu gewährleisten. Ein konkretes Vorgehensmodell ist daher vor allem deshalb von Bedeutung, um eine gewisse Disziplin bei der Software-Entwicklung einzuführen. Sie soll dafür sorgen, daß jede einzelne Phase sorgfältig durchgeführt wird und darauf aufbauende Entwicklungsschritte nicht durch frühere Versäumnisse gefährdet werden. Dazu gehört auch die korrekte Umsetzung der Anforderungen in der Software. Die Bedeutung einer formalen Methode nimmt mit der Komplexität und der Zahl der beteiligten Entwickler zu[1].
Ein weiterer Aspekt liegt in dem Ziel, eine „gute" Architektur der Software zu erschaffen. In dem vergangenen Kapitel zur Analyse bzw. zum Design ging es in erster Linie darum, die Komplexität der Aufgabe zu bewältigen und überschaubare Teile zu schaffen, die zur Lösung der Gesamtaufgabe beitragen. Dies allein ist aber nicht ausreichend, da neben der reinen Funktionalität noch weitere Anforderungen an ein Anwendungssystem gestellt werden. Dazu gehört insbesondere die problemlose Anpassung und Erweiterung der Software an neue Anforderungen. Damit verbunden ist auch eine gewisse Einfachheit der Architektur, die das System verständlich und

---

[1]vgl. [20], Seite 130

somit wartbar macht[2]. Weitere Aspekte sind:

- Eine gute Testbarkeit der Software soll einen einfachen Vergleich der Anforderungen mit den tatsächlichen Leistungen des Systems ermöglichen.

- Die Software-Architektur sollte auf Ausnahmezustände, d.h. nicht spezifizierte Zustände oder Ereignisse, robust reagieren.

- Der Entwicklungsprozess soll möglichst effizient von statten gehen.

- Eine eventuell beabsichtigte Portierung der Software auf andere Plattformen muß im Entwicklungsprozeß berücksichtigt werden[3].

Eine Methode soll helfen, all diese Ziele zu erreichen.

Zunächst ein paar Anmerkungen zur klassischen, nicht objektorientierten Systementwicklung[4]. Hier war lange Zeit das sogenannte Wasserfall-Modell vorherrschend und wurde sogar vom amerikanischen Verteidigungsministerium (*Departement of Defense, DOD*) standardisiert[5]. Die vier Grundphasen der Entwicklung (Analyse, Design, Implementierung, Test) werden hier streng nacheinander bearbeitet. Erst wenn eine Phase abgeschlossen ist, wird mit der nächsten begonnen, es gibt keinerlei *Feedback*. Das Problem bei diesem Ansatz besteht u.a. darin, daß eventuelle Fehler z.B. in der Spezifikation der Anforderungen, u.U. erst sehr spät entdeckt werden[6]. Es wird möglicherweise über Monate oder gar Jahre hinweg ein System entwickelt, von dem sich erst ganz zum Schluß herausstellt, ob es wirklich das richtige ist. Damit verbunden sind auch psychologische bzw. politische Probleme, da die zukünftigen Anwender zwar den Entwicklungsprozeß bezahlen müssen, aber die ganze Zeit über im wesentlichen nichts zu sehen bekommen. Außerdem ist der Ansatz sehr unflexibel, was spätere Änderungen der Anforderungen betrifft. Das Aufkommen von Änderungswünschen ist aber, wie bereits erläutert, von vornherein absehbar. Nachdem die Nachteile des Wasserfall-Modells immer deutlicher zutage traten, entwickelte Barry Boehm 1988 das sogenannte Spiralmodell (s. Abbildung 4.1). In zyklischen, immer detaillierter werdenden Phasen werden hier die Schritte von der Analyse bis zur Implementierung wiederholt, wobei zusätzlich Abläufe für Risikoanalysen, Prototypen und Verifizierungen vorgesehen sind. Diese mehrfachen Absicherungen gegen Fehlentwicklungen brachten einen erheblichen Fortschritt für die Software-Entwicklung mit sich.

Mit dem Aufkommen der Objektorientierung wurden weitere Entwicklungsmethoden entworfen. Während das Wasserfall-Modell bereits in der klassischen Entwicklung seine Nachteile unter Beweis stellte, so war es für den objektorientierten Ansatz endgültig nicht mehr geeignet. So haben hier z.B. die Phasen für Analyse und Design schon per Definition einen fließenden Übergang. Außerdem besteht keine Notwendigkeit, z.B. Klassen, die nur in einem kleinen, abgegrenzten Bereich der Anwendung vorkommen, bereits während der Analyse des gesamten Problembereichs zu modellieren. Der zyklische Ansatz des Spiralmodells hingegen hat sich als sehr praktisch erwiesen und wird von einigen Methoden aufgegriffen und erweitert. Neben einigen im Anschluß vorgestellten Ansätzen verschiedener Autoren gehört dazu auch das V-Modell, das das Standardmodell für die Software-Entwicklung bei deutschen Bundesbehörden ist[7].

---

[2]vgl. [2], Seite 290
[3]Dies hängt von der Aufgabenstellung ab und hat mit der Entwicklung von *Java* ohnehin an Bedeutung verloren.
[4]vgl. [20], Seite 67ff
[5]DOD-STD-2167
[6]Es sei daran erinnert, daß je später ein Fehler entdeckt wird, seine Korrektur umso teurer ist.
[7]Für eine detaillierte Beschreibung dieser Methode siehe [5].

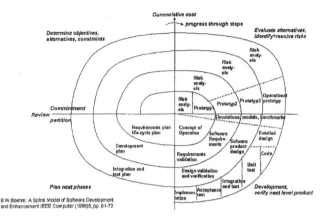

Cummulative cost

↗ progress through steps

Determine objectives, alternatives, constraints

Evaluate alternatives, identify⁺resolve risks

Commintment

Review

partition

Risk analysis

Risk analysis

Risk analysis

Risk analysis

Prototyp1 Prototyp2 Prototyp3 Operational prototyp

Simulations, models, benchmarks

Requirements plan life-cycle plan

Concept of Operation

Software Require- ments

Software product design

Detailed design

Development plan

Requirements validation

Code

Integration and test plan

Design validation and verification

Unit test

Plan next phases

Implemen- tation

Acceptance test

Integration and test

Development, verify next level product

B.W.Boehm: A Spiral Model of Software Development and Enhancement IEEE Computer (1988)5, pp. 61-72

Abbildung 4.1: Spiralmodell von Boehm

Weitere wichtige objektorientierte Methoden in Kürze sind:

Wirfs-Brock[8]

Diese Methode ist eine der ersten, die veröffentlicht wurden. Sie ist recht einfach gehalten und in Bezug auf den ganzen Entwicklungsprozeß nicht vollständig. Der Schwerpunkt des Ansatzes liegt im objektorientierten Design und kann als *responsibility driven*[9] bezeichnet werden. Ein Objekt wird aufgrund seiner Verantwortlichkeiten definiert, weshalb das bereits erwähnte Verfahren mit den CRC-Karten auch Teil der Methode ist. Nach der Zerlegung in Klassen und Objekte erfolgt für einzelne Kollaborationen eine funktionale Dekomposition[10].

Rumbaugh (OMT)[11]

Die *Object Management Technique* von James Rumbaugh basiert im wesentlichen auf der Dreiteilung der Sichten in die statische, dynamische und funktionale Sicht. Der Ansatz zur Ermittlung der Requirements hat Ähnlichkeiten mit den Vorschlägen von Jacobson, wohingegen die Modellierung der funktionalen Sicht der traditionen SA/SD-Methode entspricht.

Jacobson[12]

Ivar Jacobson ist der Erfinder der Anwendungsfall-Szenarien (Use-Cases), die dank ihm auch in die UML eingegangen sind. Mit deren Hilfe werden in seiner Methode auch Objekte, Operationen und Referenzen gefunden. Laut seiner Aussage werden so Systeme mit einer modularen Struktur entworfen, die bei Änderungen stabiler sind[13].

---

[8]Wirfs-Brock, Rebecca et al.; Objektorientiertes Software-Design; Prentice Hall 1990
[9]zu Deutsch: verantwortungsgesteuert
[10]vgl. [23], Seite 405f
[11]s. [16]
[12]s. Jacobson, Ivar et al.; Object-oriented software engineering; Addison-Wesley 1992
[13]vgl. [23], Seite 402f

Booch[14]

Die Booch-Methode ist charakterisiert durch einen iterativen und inkrementellen Entwicklungsprozeß (s. Spiralmodell), wobei die inkrementellen Schritte (Konzeption, Analyse, Entwurf, Evolution, Wartung) durch einen Makro-Prozeß gesteuert werden. In jeder Phase wird iterativ ein Mikro-Prozeß durchlaufen, der das Modell verfeinert.

Weitere Methoden, die an dieser Stelle nicht näher erläutert werden sollen stammen von Coad/Yourdon, Martin/Odell und Shlaer-Mellor.

4.2 Die Entwicklungsphasen eines OO-Projekts

4.2.1 Allgemeines

In den folgenden Abschnitten werden für die einzelnen Phasen, die in jedem Entwicklungsprozeß – gleich welcher Methode folgend – vorkommen, die in der Praxis auftretenden Problematiken dargestellt und am Beispiel der Controlling-Software unter Verwendung der *Unified Modeling Language* (UML) erläutert.

Der in Kapitel 3 als objektorientierte Analyse bezeichnete Teil der Anwendungsentwicklung kann bei genauerer Betrachtungsweise nochmals unterteilt werden.
Hier gibt es unterschiedliche Vorschläge von verschiedenen Autoren. Martin Fowler beispielsweise führt als ersten Teil der Analyse die *inception*[15] an, bei der – in der Regel – ohne großen Aufwand eine Machbarkeitsstudie durchgeführt wird[16].
Die eigentliche Analysephase wird von Fowler nicht mehr unterteilt, dafür aber z.B. von Craig Larman. Er unterscheidet zwischen der Requirements- oder Anforderungsanalyse und der betrieblichen Analyse des Problembereichs. Da jeder der erwähnten Bereiche eigene Aspekte hat, die zu erläutern sind, erfolgt hier eine gesonderte Betrachtung aller Teilbereiche.

4.2.2 Planung

Theorie
Im Sinne von Fowler soll in dieser Anfangsphase allgemein geklärt werden, ob die Entwicklung des Systems technisch machbar ist und es als wirtschaftlich sinnvoll erscheint, weiter Zeit und Geld in eine detailliertere Analyse des Problembereichs zu investieren.
Falls nicht von vornherein feststeht, ob die Aufgabe durch eine Neuentwicklung oder den Kauf einer bereits vorhandenen Software gelöst wird, so können in dieser Phase auch erste Überlegungen zu dieser Frage angestellt werden. Streng genommen müßte diese Entscheidung erst nach der betrieblichen Analyse fallen, wenn also bekannt ist, welches Problem genau vorliegt. Dennoch steht bei manchen Problemstellungen (z.B. Einführung eines Warenwirtschaftssystems) bereits von vornherein die Frage im Raum, ob das Rad hier wirklich vollständig neu erfunden werden muß. Auch technische Rahmenbedingungen, die das Projekt beeinflußen, müssen bereits in dieser Phase berücksichtigt werden.

Praxis Controlling-Software
Neben der gewünschten Funktionalität (Information für die Geschäftsleitung) bestand der Zweck der firmeninternen Conrolling-Software auch darin, einem Mitar-

---

[14]s. [2]
[15]zu Deutsch: Anfang, Einführung
[16]vgl. [6], Seite 16

beiter eine Grundlage für seine Diplomarbeit zu beschaffen. Um dem Thema, Objektorientierung und Patterns, gerecht werden zu können, stand in der Planungsphase bereits fest, daß die Software mit C++, also einer vollständig objektorientierten Sprache, entwickelt werden würde.

4.2.3 Requirements

Theorie

Unter der Requirements-Analyse versteht man eine Beschreibung der von den Anwendern gewünschten Funktionalität des zu erstellenden Software-Systems.

Die Requirements-Analyse kann unterteilt werden in die User- und die System-Requirements. Der erste Schritt besteht in der Analyse der User-Requirements, bei der die zukünftigen Anwender schildern, was mit dem System aus ihrer Sicht erreicht werden soll. Im Anschluß daran überführt man mittels der betrieblichen Analyse (s. nächster Abschnitt) die Ergebnisse in die System-Requirements, die konkret beschreiben, was das System leisten soll. Letzten Endes werden die verschiedenen Aussagen der Anwender also ausgewertet und systematisiert.

Eine Technik, mit der die Anforderungen möglichst einfach, eindeutig und lückenlos erfaßt werden sollen, sind die von Jacobson in seinem Vorgängermodell der UML eingeführten *Use-Cases.*

Ein solcher Anwendungsfall ist eine in normaler Sprache verfaßte Darstellung, die den Ablauf der Aktionen eines externen Benutzers beschreibt, wenn dieser die Anwendung zur Bearbeitung eines Vorgangs benutzt[17]. Externe Benutzer werden als *Actor* bezeichnet. Dabei kann es sich um menschliche Benutzer, aber auch um andere Computersysteme handeln. Es gibt immer mindesten einen Actor, der den im Use-Case dargestellten Prozeß auslöst. Zusätzlich können auch noch weitere daran beteiligte Aktoren vorhanden sein.

Um bei einem Anwendungsfall die Aktoren und Use-Cases festlegen zu können, müssen zunächst die Grenzen des Systems definiert werden. Nur etwas, das außerhalb des Systems steht, kann ein Actor sein. In Use-Case-Diagrammen der UML wird der Actor als Strichmännchen gezeichnet, der Use-Case selbst ist als Oval dargestellt. Außerdem sind in der Notation noch einige Erweiterungen vorhandenen: Zwischen zwei Use-Cases kann ein <<uses>>-Pfeil gezeichnet werden, was bedeutet, daß der eine Use-Case den anderen benutzt. Das ist zweckmäßig, um bei sich wiederholenden Vorgängen Redundanz zu vermeiden. Außerdem kann der <<extends>>-Pfeil verwendet werden, der eine Variation eines Use-Cases im Verhältnis zu einem anderen angibt[18].

Es läßt sich also feststellen, daß bei jedem Anwendungsfall ein bestimmtes Ziel verfolgt wird und in irgendeiner Weise eine für den Benutzer erkenntliche Funktion durchgeführt wird[19].

Zu Beginn der Requirements-Analyse werden zunächst essentielle Use-Cases gesucht, um eine grobe Vorstellung des Problembereichs zu ermitteln. Entsprechend sind diese Anwendungsfälle recht abstrakt. Anschließend können die gefunden Use-Cases detailliert und Varianten gebildet werden.

Larman schlägt desweiteren vor, von den ermittelten Use-Cases ein *Ranking* zu erstellen. Diejenigen, die – als Ergebnis einer eingehenden Untersuchung – maßgeblich die Architektur des Systems beeinflussen, sollen oben in der Liste geführt werden und entsprechend in einem frühen Entwicklungszyklus bearbeitet werden[20].

---

[17]vgl. [10], Seite 49
[18]vgl. [6], Seite 48ff
[19]vgl. [6], Seite 43
[20]vgl. [10], Seite 73ff

Aus den Use-Cases können anschließend Sequenz- oder Aktivitätendiagramme erstellt werden, um weitere Klarheit über die Abläufe im System zu erhalten und ggf. mit den Anwendern darüber zu diskutieren. Da die Sequenzdiagramme jetzt während der Requirements-Analyse auf Use-Cases basieren und das Klassenmodell noch nicht existiert, hat ein solches Diagramm sinnvollerweise nur zwei teilnehmende Objekte. Zum einen ist dies der Actor, der den Vorgang anstößt, und zum anderen ist es das System als *black box*, welches auf die Aktionen antwortet. Der Zweck besteht in einer weiteren Formalisierung der Prosa-Beschreibung.

Es müssen nicht unbedingt alle Use-Cases erfaßt sein, bevor man zum nächsten Analyse-Schritt übergeht. Wie die Praxis zeigt, werden auch in späteren Phasen immer noch Anwendungsfälle entdeckt, die dann ins Modell aufgenommen werden.

Ein weiterer Aspekt der Use-Cases liegt auch darin, daß die so detailliert beschriebenen Funktionen einfach und mit eindeutigem Ergebnis getestet werden können. Zu diesem Zweck ist es z.B. möglich, *Instanzen* von Use-Cases zu bilden. Das bedeutet, man entwickelt mehrere Versionen eines Anwendungsfalles mit verschiedenen konkreten Daten, die in das System eingegeben werden. Anschließend testet man das fertige System mit allen Versionen und kann feststellen, bei welchen Daten es Schwierigkeiten gab. Damit ist bereits eine Grundlage für die Abnahmebedingungen der Software durch den Kunden gelegt.

Eine gründliche und erfolgreiche Aufnahme dieser Forderungen ist von fundamentaler Wichtigkeit für das Gelingen des gesamten Projekts. Werden wichtige Aspekte übersehen oder nicht eindeutig definiert, so kann dies nach Auslieferung der Software die Feststellung zur Folge haben, daß zumindest teilweise das falsche System gebaut wurde.

Praxis Controlling-Software

Ein einfaches Beispiel aus der Controlling-Software verdeutlicht das Prinzip der Use-Cases:

Use-Case 1: Die Geschäftsleitung will Informationen über den Verlauf des Umsatzes bei einem Kunden X innerhalb eines bestimmten Zeitraums haben. Das System gibt die Ergebnisse in grafischer Form auf dem Bildschirm aus.

Abbildung 4.2 stellt das entsprechende Use-Case-Diagramm in der Notation der UML dar.

Abbildung 4.2: Use-Case-Diagramm

In der Controlling-Software besteht zum einen die Möglichkeit, Umsatzinformationen über alle Kunden abzufragen, wobei in der resultierenden Grafik farbliche Un-

terscheidungen getroffen werden. Als Spezialisierung dieser Abfrage ist es möglich, zuvor einen bestimmten Kunden auszuwählen.
Für alle weiteren Abfrage-Möglichkeiten und Kombinationen werden weitere Use-Cases erstellt. Die Ergebnisse dieser ersten Ermittlung der Anforderungen bilden die Grundlage für die betriebliche Analyse.

4.2.4 Analyse

Theorie

Neben der Anforderungsanalyse ist das fachliche Modell des Problembereichs das wichtigste Erzeugnis der Analyse. Es stellt zugleich den ersten wirklich objektorientierten Schritt in der Entwicklung dar. Die Use-Cases in der vorangegangenen Phase stellen das System ja aus Sicht eines Prozesses dar und sind daher nicht unbedingt objektorientiert[21].
Die Vorgehensweise in dieser Phase besteht zunächst darin, anhand der Use-Cases und auch anderer Unterlagen bzw. Informationen den Problembereich in überschau- und somit verstehbare Objekte zu unterteilen. Welche Ansätze es hierzu gibt, wurde bereits im vorangegangen Kapitel erläutert.
Wenn der Vorgang der Ermittlung der Objekte fürs Erste abgeschlossen wurde, so ist anschließend zu klären, in welcher Beziehung die Objekte jeweils zu einander stehen. Wenn die Objekte miteinander kommunizieren sollen, so müssen sie auf die eine oder andere Weise miteinander verbunden werden. Man spricht dann auf Klassenebene von einer *Assoziation*, auf Objektebene von einem *Link*. Spezielle Varianten einer solcher Objektverbindungen sind die schon erwähnte *Aggregation* und die *Komposition*.
Normalerweise besteht eine Assoziation aus einer Verbindung zwischen zwei verschiedenen Klassen. Es sind aber auch sogenannte rekursive Assoziationen möglich, wenn beispielsweise eine Klasse Objekte des eigenen Typs enthält[22].
Jede Assoziation hat eine sogenannte Kardinalität bzw. Multiplizität. Dies gibt an, mit wie vielen Objekten der gegenüberliegenden Klasse ein Objekt verbunden sein kann[23]. Im UML-Diagramm können hier beispielsweise Werte wie 0..1 (d.h. es 0 oder 1 Objekt) oder 1..n (d.h. mindestens 1, aber auch mehr möglich) angegeben werden. Im Falle einer möglichen 0-Kardinalität ist die Beziehung automatisch optional, d.h. es muß kein entsprechendes Gegenobjekt geben.
Außerdem können zu einer Assoziation auch Attribute definiert werden[24].
Ein weiteres Merkmal einer Assoziation kann eine sogenannte *Constraint*[25] sein. Hier wird ein unbedingt einzuhaltender Sachverhalt angegeben, der der Verbindung selbst oder in Beziehung mit anderen Modellelementen zu Grunde liegt.
Assoziationen können gerichtet sein, also nur in einer Richtung bestehen. Werden im UML-Diagramm hingegen keine Pfeile angegeben, so besteht die Objektverbindung in beiden Richtungen.

Mit den in der betrieblichen Analyse festgestellten Assoziationen ist es wie mit den Klassen und Objekten auch. Sie stellen ein Abbild der realen Welt dar und sind unabhängig von der im Software-System implementierten Lösung. Aufgrund des bereits erwähnten fließenden Übergangs der Analyse- in die Designphase sind aber auch hier Ähnlichkeiten die Regel.

---

[21]vgl. [10], Seite 85
[22]Ein Beispiel dafür wäre eine Baumstruktur.
[23]Beispiel: Ein Objekt, das einen Auftrag repräsentiert, kann 1:n mit Objekten für die Auftragspositionen verknüpft sein.
[24]Bernd Oestereich führt in seinem Buch das Beispiel hierzu an, daß das Arbeitsverhältnis eines Mitarbeiters mit seinem Unternehmen um das Eintritts- und Austrittsdatum erweitert werden kann. Vgl. [14], Seite 195
[25]zu Deutsch: Zwang

Nachdem die Geschäftsobjekte und ihre Beziehungen zueinander ermittelt wurden, sind noch die ablaufenden Prozesse von Interesse. Hier findet also wieder der Übergang von der statischen zur dynamischen Sicht statt.

In der UML kommen nun die Sequenz- und Kollaborationsdiagramme zum Einsatz. Beide Diagrammtypen sind übrigens vollständig substituierbar und stellen lediglich andere Darstellungsformen des gleichen Zusammenhangs dar.

Der Zweck dieser Untersuchung besteht darin, nähere Informationen zu den Abläufen zu erhalten, die als Folge eines initiierenden Ereignisses geschehen. Diese auslösenden Ereignisse wurden bereits in den Use-Cases definiert. Falls noch nicht geschehen, so werden während der Modellierung des Ablaufs zur betroffenen Systemklasse die jeweils notwendigen Funktionen hinzugefügt. Die Sequenzdiagramme werden später in der Designphase nochmals eingesetzt, dann um die interne Kommunikation der Software-Komponenten zu modellieren.

Praxis Controlling-Software
Ein Auszug aus dem kaufmännischen Klassenmodell der Firma X in der UML-Notation ist in Abbildung 4.3 dargestellt.

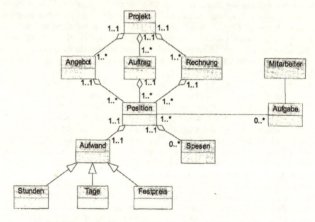

Abbildung 4.3: Klassen-Diagramm „Betriebliche Analyse"

Angebot, Auftrag und Rechnung stehen in unmittelbarem Zusammenhang zu einem Projekt. Diese haben jeweils eine oder mehrere Positionen. Eine Position kann Spesen beinhalten, muß aber auf jeden Fall einen Aufwand in Form von Stunden- bzw. Tagessatz oder einem Festpreis enthalten. Außerdem ist Gegenstand einer Position eine oder mehrere zu erledigende Aufgaben, die wiederum von Mitarbeitern bearbeitet werden.

Das Ergebnis dieser Phase, das betriebliche Klassenmodell, ist zugleich Ausgangspunkt für das folgende Architektur-Design der Anwendung.

4.2.5 Design

Theorie
Das Ergebnis der betrieblichen Analyse ist ein Klassenmodell, d.h. eine Abstraktion der realen Welt. In der Designphase geht es nun darum, dieses Modell in die Syste-

24

marchitektur des Anwendungsprogramms zu überführen. Schwerpunkt ist also die Frage, *wie* das System die Aufgaben lösen soll.

Zusätzlich zu dem aus der Analyse bereits vorliegenden Schema der Klassen werden hier noch weitere eingeführt, die für die interne Verarbeitung der Daten von nutzen sind. Auch das verwendete Entwicklungssystem und das eventuell damit verbundene Framework werden in dieser Phase berücksichtigt. Das Design wird auf die Rahmenbedingungen angepaßt.

Nachdem die Klassen des Systems feststehen, wird der Schritt hinüber zu Objektebene gegangen. Auch hier werden Sequenzdiagramme entwickelt, die den Fluß der Nachrichten zwischen den Objekten als Auslöser auf bestimmte Ereignisse darstellen.

Desweiteren gibt es die Möglichkeit, für Objekte Zustands-Diagramme zu entwerfen. In einem solchen Diagramm wird lediglich ein einziges Objekt betrachtet und dargestellt, wie es auf äußere Einflüsse reagiert und seinen Zustand ändert.

Praxis Controlling-Software

Das in Abbildung 4.4 dargestellte Sequenzdiagramm zeigt einen vereinfachten Ausschnitt des Kontrollflusses während der Berechnung einer Balkengrafik.

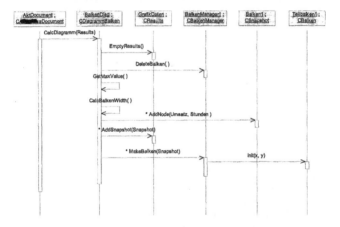

Abbildung 4.4: Sequenz-Diagramm „Berechnung der Grafikdaten"

Neben dem von den *Microsoft Foundation Classes* vorgegebenen Document-Objekt existiert hier das *GrafikDaten*-Objekt, das als Container für die in Bildschirmkoordinaten umgerechneten Ergebnisse dient. Das Objekt *Balkenmanager1* repräsentiert den ersten, am linken Rand des Bildschirms abgebildeten Balken, der wiederum aus mehreren Abschnitten bestehen kann. Exemplarisch ist hier *Teilbalken1* als Objekt eines der möglichen Teilbalken dargestellt.

Die Berechnung der Grafikdaten wird vom Document-Objekt nach der Auswertung der Datenbankinformationen angestoßen. Das Diagramm-Objekt *BalkenDiag* löscht zunächst die eventuell von der letzten Abfrage noch vorhandenen Ergebnisse. Anschließend erfolgt eine erste Auswertung der Gesamtdaten in Bezug auf den größten vorkommenden Wert (entscheidend für die relative Höhe der Balken) und die aus

25

der Gesamtzahl der Balken resultierende Breite. In iterativen Schritten[26] werden anschließend alle Teilergebnisse in Grafikdaten umgerechnet, in den entsprechenden Container-Objekten abgelegt und die Balken mit den für die Ausgabe notwendigen Informationen initialisert.

4.3 Problemstellungen des objektorientierten Designs

4.3.1 Klassenfindung

Die Problematiken bei der Klassifizierung von Abstraktionen sowie die kleinen Hilfsmittel hierzu wurden bereits in vergangenen Kapiteln vorgestellt. An dieser Stelle werden einige Aspekte dieser fundamentalen Aufgabe des Software-Entwicklers aus der Sicht der Praxis erläutert.

Eines der Hauptprobleme der Klassifizierung besteht darin, daß es keine eindeutige Lösung gibt. Das selbe Problem kann auf verschiedene Weise richtig modelliert werden. Jeder Entwickler wird für eine Aufgabe seine eigene Lösung entwickeln und die Ergebnisse unterscheiden sich dann im Vergleich zu anderen Entwicklern bestenfalls in einer gewissen Eleganz[27].

Desweiteren ist die Klassifizierung der Objekte ein Zuordnungsproblem, das von der Perspektive des Betrachters beeinflußt wird[28]. So gab es während der Entwicklung der Controlling-Software ebenfalls ein Klassifizierungsproblem. Die von einem Mitarbeiter aufgeschriebenen Arbeitsstunden gehören entweder unmittelbar zu einem Projekt oder zu einer von 12 Kategorien. Zu den Kategorien gehören beispielsweise Fortbildung, Meeting, Krankheit oder Urlaub. Die Frage war, ob man jeweils eine eigene Klasse für Projekttätigkeit und sonstiges bildet, oder ob man diese zusammenfaßt und die Unterscheidung an anderer Stelle trifft.

In der Literatur sind verschiedene Kategorien genannt, denen Ansätze zur Klassifizierung zugeordnet werden können[29]. Der klassische Ansatz basiert auf den Eigenschaften. Alle Entitäten, die die gleichen Eigenschaften haben, gehören somit zur gleichen Klasse. Welche Eigenschaften allerdings zur Klassifizierung herangezogen werden, hängt wieder vom Problembereich und den hierfür interessanten Merkmalen der Objekte ab.

Bei der konzeptuellen Zuordnung erfolgt die Klassifizierung nach eher unscharfen Kriterien. Die Objekte werden beschrieben und gewissen entwickelten Konzepten zugeordnet. Der Ansatz ist deshalb etwas vage, weil ein Objekt auch mehreren Konzepten zugeordnet werden kann. Letzten Endes erfolgt die Zuordnung nach dem höchsten Grad der Übereinstimmung.

Ein weiterer Ansatz ist die sogenannte Prototypentheorie. Sie wird dann verwendet, wenn die beiden bereits vorgestellten Methoden nicht verwendet werden können, weil es keine gemeinsamen Eigenschaften der Objekte gibt, sie aber dennoch inhaltlich zusammengehören. In diesem Fall wird ein Prototyp definiert, der diese Gemeinsamkeiten beschreibt, und die Klassifizierung der Objekte anschließend anhand der Ähnlichkeit zum Prototyp vorgenommen.

---

[26]In der UML wird dies durch „*" gekennzeichnet.
[27]Vorausgesetzt natürlich, sie bilden das Problem inhaltlich korrekt ab.
[28]Dem Beispiel Booch's folgend könnte man eine Analogie aus der Biologie konstruieren: Wie klassifiziert man eine Spinne? Aus der Sicht eines Insekts fällt sie eindeutig in die Kategorie „Gefährlicher Feind", wohingegen ein Vogel das Tier eher auf der Speisekarte einordnen würde.
[29]vgl. [2], Seite 195ff

Abgesehen von diesen Ansätzen treffen Entwickler während der Klassifizierung auf weitere Phänomene. So stellt man mit einiger Erfahrung beispielsweise fest, daß es sowohl auf Design-Ebene, aber auch in der Analyse, immer wieder Problemstellungen gibt, die einander ähneln. Dies kann auch dann der Fall sein, wenn sie inhaltlich eigentlich nichts miteinander zu tun haben. In diesem Fall kann man die bereits anderswo entwickelte Lösung wiederverwenden. Dies geschieht nicht in bezug auf den Source-Code, sondern im Sinne des Designs. Das ist der Grundgedanke der *Patterns*, die später noch detailliert vorgestellt werden. Durch die Verwendung von Mustern auf Basis bereits gelöster Aufgaben wird das Software-Design erheblich vereinfacht, da sie fertige Problemlösungen beinhalten, die sich zudem in der Praxis als funktionierend bewährt haben.

4.3.2 Der Prozeß des Designs

Dieser Abschnitt erläutert einige praktische Erfahrungen und Probleme während des Designs.

In der Praxis entpuppt sich die Entwicklung des Klassenmodells einer Anwendung als iterativer und inkrementeller Prozeß. Zunächst wird ein grobes Modell entworfen, das dann nach und nach verfeinert wird. Dies ergibt sich vor allem deshalb automatisch, da erst nach der Entwicklung eines Programmteils, der einen anderen benutzt (also ein Client), offensichtlich wird, wie gut die Architektur des benutzten Teils tatsächlich funktioniert. Falls es Defizite gibt, muß die dortige Klassenstruktur entsprechend verändert werden. Letzteres ist der iterative Teil, die Entwicklung der Programmteile nacheinander der inkrementelle Aspekt des Entwicklungsprozesses. Wenn neue Abstraktionen in das System eingefügt werden, so stellt sich immer die Frage, in welcher Beziehung diese zu den bereits vorhandenen Klassen steht. Häufig werden Gemeinsamkeiten auch erst später erkannt und neue Basisklassen definiert. Andererseits kommt es auch vor, daß eine Klasse in zwei neue aufgeteilt werden muß.
Schwierigkeiten treten auch dabei auf, die Klassen der richtigen Abstraktionsebene zuzuordnen. Der von Booch so bezeichnete *Granularitätskonflikt* beinhaltet, daß manchmal eine allgemeinere Version einer Klasse als Basis für andere abstrakt definiert und somit in der Hierarchie nach oben verschoben wird (*Klassenaufstieg*). Andererseits kann sich dann aber auch herausstellen, daß die Klasse zu allgemein definiert ist.
Dies alles ist ebenfalls Bestandteil des inkrementellen und iterativen Prozesses.

Ein anderer, ebenfalls nicht unproblematischer Punkt betrifft die Gestaltung der Objektinteraktionen, also den Austausch von Nachrichten zwischen den Objekten. Auch dies ist ein wichtiger Bestandteil des Designs, da bei ungenügender Berücksichtigung komplizierte und entsprechend schwer durchschaubare Kommunikationsstrukturen entstehen können. In gewissem Sinne arbeitet dann jedes Objekt vor sich hin, ohne auf den Rest des Systems besondere Rücksicht zu nehmen. Ziel muß es daher sein, möglichst einfache Mechanismen zu implementieren.

4.3.3 Hardcoding vs. Abstraktion

Ein Aspekt des objektorientierten Designs besteht in der Frage, wie abstrakt bzw. vom Problem losgelöst man die Klassen des Software-Systems definiert.
Die Problematik, die diese Frage interessant macht, besteht darin, daß bei einer hohen Abstraktion der Grad der möglichen Wiederverwendung ebenfalls entsprechend hoch ist. Codiert man dagegen „zu dicht am Problem", so ist vielleicht die Entwick-

lungsarbeit zunächst etwas einfacher. Eine anschließende Wiederverwendung der geschriebenen Klassen in einem anderen Projekt ist aber eher unwahrscheinlich, da mit ihnen ja speziell das ursprüngliche Problem gelöst wurde. In der Controlling-Software wurde z.B. die Grafikausgabe in den verschiedenen Diagrammen so gestaltet, daß diese durchaus in anderen Anwendungen wiederverwendet werden könnten. Einzige Voraussetzung ist, daß die Daten in der Struktur übergeben werden können, die die Diagramme erwarten.

Allerdings gibt es auch kritische Argumente zu einer grundsätzlichen Verwendung von sehr allgemein gehaltenen Klassen. So macht es eine hohe Abstraktion für andere Entwickler potentiell schwieriger, sich in die Arbeit ihres Kollegen einzuarbeiten und dort zurecht zu finden. Wenn es absehbar ist, daß das entwickelte Programm längere Zeit im Einsatz sein wird und/oder die Wartung früher oder später von anderen Leuten übernommen wird, so ist zumindest auf eine ausreichend gute Dokumentation der Abstraktionen zu achten.

Ferner darf nicht vergessen werden, daß wiederverwendbare Klassen häufig einen höheren Entwicklungsaufwand zur Folge haben. Es stellt sich daher von vornherein die Frage, ob sich der höhere Aufwand irgendwann rechnet.

Ein Beispiel aus der Controlling-Software hierzu ist die interne Verwendung einer Baumstruktur zur Speicherung und Verarbeitung der Daten. Jeder Knoten entspricht einem Teil des eindeutigen Schlüssels, der notwendig ist, um z.B. die Herkunft eines Umsatzes festzustellen[30]. Die Baumstruktur ist nicht nur außerordentlich speichereffizient, sie läßt auch allgemein gehaltene Auswertungen zu wie beispielsweise das Addieren der Werte in einem Unterbaum. Es spielt dann keine Rolle, ob Projekt- oder Kundenumsätze ausgewertet werden. Auch wenn diese Methode sehr effizient und elegant ist, so ist – wie sich bereits bei der Fehlersuche herausstellte – diese Art der Datenverarbeitung nicht unbedingt trivial und einfach zu durchschauen.

4.4 Frameworks, Classlibraries und Komponenten

4.4.1 Allgemeines und Definitionen

Ein wichtiges Hilfsmittel bei der objektorientierten Programmierung sind vorgefertigte Software-Bausteine.

Zwar gab es auch zu Zeiten der modularen Programmierung Bibliotheken, die man hinzukaufen und somit die Arbeit einer eigenen Entwicklung sparen konnte. Die Ebene der Wiederverwendung bezog sich hier jedoch lediglich auf einzelne Funktionen. Erst mit den Merkmalen der Objektorientierung wurde es möglich, ganze Systeme oder auch genau definierte und abgegrenzte Teile daraus wiederzuverwenden. Ein Teil des Produktivitätsfortschritts, der mit der Objektorientierung erreicht werden kann, geht auf den Einsatz bereits bestehender Komponenten zurück. Dies betrifft insbesondere die Programmierung von Betriebssystemen mit grafischer Benutzeroberfläche wie Windows. Die Erstellung einer Anwendung mit Fenstern und Kontrollelementen ist bei prozeduraler Programmierung mit erheblichem Aufwand verbunden. Gleichzeitig ist die dafür zuständige Sammlung von Funktionen im *Application Programming Interface* (API) des Betriebssystems prädestiniert dafür, um durch objektorientierte Klassen gekapselt zu werden. Genau dieses geschieht in gängigen Klassenbibliotheken und steigert durch die gesparte Arbeit das Tempo der Software-Entwicklung.

Nun zu den Begriffsdefinitionen:

---

[30]Dieser Schlüssel besteht z.B. aus den Feldern Kunde, Projekt, Jahr und Monat

28

Classlibrary

Eine Klassenbibliothek ist eine Sammlung von thematisch verwandten Klassen, die zur Lösung von eher allgemeinen Aufgaben benutzt werden können[31]. Ein typisches Beispiel hierfür sind Containerklassen (Arrays, Listen). Ziel einer solchen Klassenbibliothek ist es, ähnlich wie althergebrachte Funktionsbibliotheken Arbeit für die Entwicklung von Standardaufgaben einer Anwendung abzunehmen. Der Schwerpunkt liegt also auf der Wiederverwendung von Code.

Framework

Ein Framework geht einen Schritt weiter. Es stellt nicht nur einzelne Klassen zur Wiederverwendung bereit, es gibt die gesamte Architektur der Anwendung vor. Damit wird also nicht nur Code wiederverwendet, sondern auch das Design.

Dies geht soweit, daß der Hauptteil der Applikation nicht mehr selbstgeschrieben wird, sondern nur noch der Teil, der vom Standardrahmen abweicht. Während bei Verwendung einzelner Klassen aus einer Bibliothek das eigene Hauptprogramm die fremden Funktionen aufruft, ist es hier das Framework, das die eigenen Bestandteile der Anwendung benutzt.

Bestes Beispiel für ein solches Framework sind die *Microsoft Foundation Classes* (MFC), die im nächsten Abschnitt genauer vorgestellt werden. Die MFC bilden einen Rahmen für Windows-Anwendungen und nehmen einen großen Teil der Aufgaben einer Anwendung, die nicht unmittelbar problemspezifisch sind, ab.

Da es denkbar schwierig ist, ein Framework so zu entwerfen, daß es flexibel und für möglichst viele Anwendungen geeignet ist, können auch hier *Patterns* eingesetzt werden, die diese Aufgabe erleichtern[32].

Komponenten

Wenn auch manche Autoren Komponenten mit Frameworks gleichsetzen (s. [15]), so kann bei Betrachtung des Software-Marktes dennoch für Komponenten eine sehr eigene Definition gefunden werden.

Komponenten sind fertige Software-Bausteine, die in der Regel einzeln oder in kleinen, thematisch eng verwandten, Sammlungen verkauft werden. Das Prinzip ist dem der Verwendung einer Klasse aus einer Bibliothek ähnlich, wenn auch diese Subsysteme meist binär vertrieben werden und somit kein Source-Code zur Verfügung steht. Für Komponenten gibt es verschiedene, standardisierte Formate. Als Beispiel seien Microsoft's *ActiveX* oder sein Gegenstück *CORBA* genannt. Entwicklungssysteme bieten in der Regel Möglichkeiten, Komponenten eines oder mehrerer Standards einzubinden.

4.4.2 Composition vs. Subclassing

Im wesentlichen gibt es zwei Ansätze, mit denen in der objektorientierten Programmierung die Wiederverwendung von bereits bestehenden Programmteilen betrieben wird.

Zum einen besteht die Möglichkeit, neue Klassen durch Ableitung von bereits existierenden zu erzeugen und somit den vorhandenen Code wiederzuverwenden. Dieser Ansatz wird auch als *white-box*-Prinzip bezeichnet, da den abgeleiteten Klassen in der Regel die innere Struktur ihrer Vorfahren bekannt ist. Die maßgebliche Eigenschaft dieser Technik besteht darin, daß die Verhältnisse der Klassen zueinander bereits zur Zeit der Kompilierung des Programms (*compile-time*) festgelegt werden. Während man also an dieser Stelle etwas Flexibilität einbüßt, so ist es andererseits relativ einfach, die Implementierung der geerbten Methoden durch Überschreiben

---

[31]vgl. [8], Seite 26

[32]In gewisser Weise ist bereits die Architektur eines Frameworks selbst ein Pattern. Vgl. [8], Seite 27

zu ändern. Dabei ist allerdings zu beachten, daß andere Methoden, die die überschriebenen Funktionen benutzen, dadurch beeinflußt werden können. Desweiteren kann es passieren, daß die Verknüpfungen zwischen beiden Klassen so stark werden, daß bei einer Änderung der Basisklasse auch die abgeleitete Version geändert werden muß[33].

Im Gegensatz zu diesem *Subclassing* liegt der andere Ansatz darin, bestehende Objekte zusammenzusetzen (*Komposition*). Entsprechend nennt man dieses *black-box*-Prinzip, da eine Klasse zu keinem Zeitpunkt ihr Innenleben in irgendeiner Form offenbaren muß. Folglich ist die Komposition von einer durchdachten Definition der Schnittstellen abhängig. Ferner kann die Zusammensetzung der Objekte zur Laufzeit des Programms dynamisch geändert werden. Voraussetzung dafür ist, daß ein substituiertes Objekt den gleichen Typ[34] wie sein Vorgänger hat. Diese Unabhängigkeit von der Implementierung (bzw. die Wahrung der Kapselung) bringen einen erheblichen Vorteil in Bezug auf Flexibilität mit sich.

Erich Gamma und seine Kollegen kommen in [8] zu dem Schluß, daß aufgrund der beschriebenen Eigenschaften die Objektkomposition dem Subclassing vorzuziehen sei. Abgesehen von den unbestrittenen Vorteilen ist aber aus Sicht des Praktikers anzumerken, daß in der Realität bestenfalls eine Mischung von beiden erreicht werden kann. Bei Verwendung der reinen Komposition wird man bereits einigen Aspekten der Komponenten-Problematik begegnen, die Gegenstand des nächsten Abschnitts ist. Außerdem ist es auch häufig gerade erwünscht und einer der gern verwendeten Vorteile der Objektorientierung, daß eine Klasse die Basis für mehrere andere bildet und bei einer Änderung der dort definierten gemeinsamen Eigenschaften auch alle Nachfahren davon profitieren.

4.4.3 Die Komponenten-Problematik

Maßgeblich verantwortlich für den Boom der komponentenorientierten Software war die Erfindung der „Visual Basic Extensions" (VBX) durch Microsoft. Diesem Beispiel folgend gab es bald weitere visuelle Entwicklungssysteme mit ähnlichen Schnittstellen („Delphi" u.a.).

Folglich ist der Markt für fertige Software-Komponenten in den letzten Jahren stetig gewachsen. Zu verlockend erscheint die Vision, das eigene Anwendungsprogramm einfach aus bereits vorhandenen Bausteinen gleich einem Lego-Haus zusammenzubauen. Eine noch weitergehende Vision beschreibt verteilte Anwendungen. Hier müssen die Komponenten nicht einmal mehr auf dem selben Rechner installiert sein. Es ist ausreichend, wenn sie auf einem anderen Rechner irgendwo in der Welt des Internets vorhanden sind. Letzteres ist aber heute erst ansatzweise realisiert.

Ausschlaggebend für diese Gedankenspiele ist die Tatsache, daß der Kauf einer Software grundsätzlich billiger als eine Eigenentwicklung ist. Die Realität ist allerdings noch deutlich von dieser Wunschvorstellung entfernt. Das liegt vor allem daran, daß der Einsatz von Komponenten durchaus mit Problemen verbunden ist.

Erste Schwierigkeit ist, wenn auch mittlerweile nicht mehr eine Sprach-, so doch eine gewisse Systemgebundenheit der Komponenten. Die Gründe hierfür liegen ausschließlich in einem politischen Streit um Standards. Insbesondere Microsoft ist hier immer wieder versucht, die eigenen Entwicklungen durch Mißachtung aller anderen am Markt durchzusetzen (Beispiel *ActiveX*).

Eine ganz andere Art Problem besteht darin, daß Komponenten häufig „im Prinzip" für die eigene Anwendung geeignet wären, aber eben doch in einigen Details

---

[33]vgl. [8], Seite 19

[34] *Typ* ist hier im streng objektorientierten Sinne gleichbedeutend mit Schnittstelle. In Sprachen wie z.B. C++, die zwischen Typ und Klasse nicht unterscheiden, läuft diese Technik auf eine gemeinsame Basisklasse hinaus.

angepaßt werden müßten. Falls mangels Source-Code keine Eingriffsmöglichkeiten und keine Alternativen in Form anderer Komponenten bestehen, bleibt häufig nur der Weg, den Teil der Anwendung doch selbst zu programmieren[35].

Ein weiteres Problem besteht in der Tatsache, daß Komponenten, genauso wie jede andere Software auch, Fehler enthalten können[36]. Da Komponenten meist nur in binärer Form zur Verfügung stehen, ist der Entwickler in einem solchen Fall mit einem erheblichen Problem konfrontiert. Bestenfalls kann er den Hersteller zu einen zügigen Behebung des Problems bewegen, was allerdings in den seltensten Fällen gelingen dürfte. Ansonsten bestehen nur die Möglichkeiten, einen Umweg (*work around*) um den Fehler herum zu finden, eine alternative Komponente einzusetzen, oder den Baustein selbst zu entwickeln.

Mit dem eben beschriebenen Problem hängt auch die Update-Problematik zusammen. Bei Erscheinen eines Updates einer Komponente und deren Einbau ins eigene System müßte im Prinzip der gesamte Teil der Anwendung, die diese Komponenten benutzt, neu getestet werden. Dies beruht auch auf der Tatsache, daß man eben trotz Update-Beschreibung des Herstellers nicht mit letzter Sicherheit weiß, was tatsächlich verändert wurde.

Mit den beiden zuletzt geschilderten Problemen auf einmal wurde der Autor dieser Arbeit vor etwa zwei Jahren konfrontiert. Eine Datenbank-Komponente für Borland's „Delphi" enthielt einen Fehler, der aber mit einigen Tricks umgangen werden konnte. Einige Zeit später gab es für jene Komponente ein Update. Das Ergebnis: Der ursprüngliche Fehler war beseitigt, aber der *work around* funktionierte nicht mehr. Das Programm mußte an mehreren Stellen umgeschrieben werden.

4.5 Die Microsoft Foundation Classes als Beispiel eines Frameworks

4.5.1 Architektur

Die *Microsoft Foundation Classes* (MFC) haben sich in den letzten Jahren zur Standard-Grundlage für Windows-Programme entwickelt. Dies liegt zum einen daran, daß Microsoft als Hersteller sowohl dieses Frameworks als auch des Betriebssystems neue Eigenschaften und Features immer als erstes in den MFC implementiert. Die Konkurrenz ist zwangsläufig im Hintertreffen. Ein weiterer Grund für den Erfolg liegt aber sicherlich auch in der Leistungsstärke und der durchaus gelungenen Architektur des Frameworks.

Charakteristisch für jedes MFC-Programm ist zunächst ein einzelnes Objekt einer von *CWinApp* abgeleiteten Klasse. In diesem Applikationsobjekt wird der Grundbestandteil eines jeden Windows-Programms gekapselt, die sogenannte *Message-Loop*. Um dies näher zu erklären, zunächst einige kurze Erläuterungen zur Windows-Programmierung.

Eine der Hauptaufgaben von Betriebssystemen besteht darin, die Kommunikation des Rechners mit dem Benutzer über die Hardware-Schnittstellen (Tastatur, Maus, usw.) zu verwalten. Jede Aktion des Benutzers (Tastendruck, Mausbewegung) wird so zunächst vom Betriebssystem registriert. Anschließend entscheidet das System, für welchen Task die Eingabe bestimmt war und sendet eine Nachricht an das ent-

---

[35]Im CORBA-Modell bestehen Möglichkeiten, wie auch ohne Source-Code eine Komponente erweitert oder verändert werden kann. Bei herkömmlichen Systemen wie z.B. VBX oder Delphi ist dies jedoch nicht möglich.

[36]Es muß sich dabei nicht nur um „normale" Funktionsstörungen handeln, sondern kann z.B. bei Netzwerk-Komponenten – wie bei *ActiveX* bereits vor einiger Zeit geschehen – sicherheitsrelevante Eigenschaften betreffen.

sprechende Programm.

Daraus folgt, daß Programme unter Systemen wie Windows ereignisorientiert sind und eine ihrer Hauptaufgaben darin besteht, auf Nachrichten des Betriebssystems zu warten und ggf. darauf zu reagieren[37]. Genau dieses geschieht in der Message-Loop, bei der es sich im Prinzip um eine Endlos-Schleife handelt[38]. Wird hier eine Nachricht für das eigene Programm empfangen, so erfolgt eine Weiterleitung dieser Nachricht an eine zuvor beim Windows-System angemeldete *Callback*-Funktion. In klassischen C-Programmen bestand diese Funktion aus einer mehr oder weniger langen switch/case-Struktur. Für jeden Nachrichtentyp, auf den reagiert werden sollte, mußte ein Eintrag programmiert werden[39].

Diese für jedes Windows-Programm grundlegende Funktionalität ist in der MFC-Klasse *CWinApp* untergebracht und somit dem Programmierer abgenommen. Einzige Aufgabe für ihn ist es noch, die für sein Programm notwendigen *Message-Handler*-Funktionen – in der Regel über den Wizard der Entwicklungsumgebung – hinzuzufügen und den hier auszuführenden Code zu schreiben.

Ein weiteres grundlegendes Merkmal der Microsoft Foundation Classes ist die sogenannte Document-View-Architektur, die eine Trennung zwischen der Datenverarbeitung und deren Darstellung auf dem Bildschirm vorsieht. Microsoft hat die Idee hierzu nicht selbst gehabt. Abgeschaut ist der Ansatz vom *Model-View-Controller*-Prinzip[40] aus *Smalltalk*. Das ändert aber nichts an der Tatsache, daß diese Architektur, die die MFC den mit ihr entwickelten Anwendungen damit vorgibt, sehr leistungsstark und flexibel ist.

Die Trennung in Datenverarbeitung und -darstellung hat mehrere Vorteile. Zuerst zu nennen ist die damit gegebene Möglichkeit, die vorhandenen Daten auf mehrere Arten zugleich darstellen zu können[41]. Man definiert mehrere *Views*[42], und kann so die selben Daten z.B. einmal als Balkengrafik und zum anderen als Tabelle auf dem Bildschirm ausgeben. Werden die Daten in der Tabelle geändert, so wird die Grafik automatisch aktualisiert. In dem erläuterten Beispiel würde man zwei verschiedene Klassen definieren, die beide von *CView*, der MFC-Basisklasse für alle Views, abgeleitet sind und würde beide mit einer Document-Klasse (abgeleitet von *CDocument* verbinden. Bei einer Änderung der Daten ist das Document dafür zuständig, die angeschlossenen Views von der Änderung zu informieren.

Ein weiterer positiver Aspekt dieses Ansatzes besteht auch in einer besseren Möglichkeit der Wiederverwendung einzelner Teile, wenn die Datenverarbeitung von der Darstellung getrennt ist. Ein Beispiel aus einem in der Vergangenheit entwickelten kleineren Warenwirtschaftssystems verdeutlicht, was gemeint ist.

Die Anwendung bestand u.a. aus einer Auftragsverwaltung und einer Fakturierung. Wenn hier auch aus betriebswirtschaftlicher Sicht unterschiedliche Aufgaben behandelt werden, so haben dennoch aus abstrakter Sicht beide Teile erhebliche Gemeinsamkeiten. Sowohl ein Auftrag als auch eine Rechnung haben gewisse Kopfdaten wie z.B. Kundendaten (Nummer, Anschrift etc.), als auch Positionen, die die Artikeldaten, Menge und Preise enthalten. Die zugrundeliegende Funktionalität ist entsprechend zu großen Teilen identisch, da in beiden Fällen z.B. die Positionspreise berechnet oder die Gesamtsumme addiert werden muß. Bei einer objektorientierten Programmierung ist dies ein klassischer Fall von einer möglichen Wiederverwendung von Code. Die Software wurde allerdings mit einem – entgegen der Werbung des Her-

---

[37] vgl. [4], Seite 114ff

[38] Einzige Abbruchbedingung ist das Beenden des Programms.

[39] Für eine detailliertere Darstellung der Grundlagen der Windows-Programmierung sei z.B. auf [4] verwiesen.

[40] Ein Pattern.

[41] vgl. [12], Reference

[42] zu Deutsch: Sichten

stellers – kaum als objektorientiert zu bezeichnenden Entwicklungssystem, Borland „Delphi", entwickelt. Delphi unterstützt, neben vielen anderen Unzulänglichkeiten, auch keine Trennung der Programmarchitektur nach dem Document/View-Prinzip. Die Folge war u.a. in diesem Fall, daß beide Module komplett getrennt waren und keine einzige Zeile Code gemeinsam nutzten.

Ein weiteres Merkmal der MFC besteht in der Klasse *CObject*, die die Basis für fast alle anderen Klassen des Frameworks bildet. In dieser Klasse sind einige Funktionalitäten implementiert, die sehr nützlich sein können und durch eine entsprechende Ableitung auch in eigene Klassen übernommen werden können.

Dazu gehört u.a. die Möglichkeiten, Debug-Informationen als Dump in ein entsprechendes Fenster auszugeben. Ein weiteres Feature ist die Bereitstellung von Runtime-Informationen zur Klasse. Damit kann zur Laufzeit für eine zusätzliche Typüberprüfung die Klasse eines Objekts bestimmt werden. Dies ist mit normalen Sprachkonstrukten von C++ nicht möglich, was allerdings in der Regel auch kein großer Verlust ist. Selbst Microsoft empfiehlt die Verwendung von Runtime-Informationen unter normalen Umständen nicht, da sie das System der virtuellen Funktionen umgeht[43]. Außerdem bildet die CObject-Klasse die Basis für die persistente Speicherung von Objekten (z.B. auf Festplatte). Der in der MFC so genannte Mechanismus der *Serialization* wird im nächsten Abschnitt näher beschrieben.

Ein weiteres Merkmal der MFC besteht in einer Vielzahl von *Macros*. Diese verbergen nicht nur einen größeren Teil Funktionalität vor dem Programmierer, sie sind auch gerade deswegen häufig eine Ursache dafür, warum insbesondere Einsteiger Schwierigkeiten mit den MFC haben. Die Macros sorgen z.B. für sogenannte Message-Maps. Hier werden Nachrichten, die das Programm von der Windows-Umgebung erhalten kann, den *Message-Handlern* zugeordnet. Mit diesen Funktionen legt – wie bereits erläutert – der Programmierer die Reaktion seiner Anwendung auf bestimmte Ereignisse fest. Ein weiteres Feld für Macros sind die Data-Exchange-Funktionen, bei denen z.B. der Inhalt eines Feldes in einer Datenbank-Tabelle oder in einem Dialogfenster automatisch in eine Variable der korrespondierenden Klasse kopiert wird.

Es gibt noch eine Vielzahl weiterer Anwendungsbereiche, angefangen vom Exception-Handling[44] bis hin zu allgemeinen Funktionen des Anwendungsmanagements, deren nähere Erläuterung des Rahmen dieser Arbeit sprengen würde. Für eine nähere Beschreibung sei daher auf die Microsoft-Dokumentation verwiesen ([12]).

4.5.2 Beispiel einer objektorientierten Technik in den MFC

Am Beispiel der Microsoft Foundation Classes lassen sich mehrere objektorientierte Techniken demonstrieren. Eine davon ist die bereits erwähnte Technik der *Serialization*[45].

In nahezu allen Anwendungen ist es notwendig, Daten auf Festplatte zu speichern und später wieder einzulesen. Im objektorientierten Sinne ist es wünschenswert, daß die Objekte in der Lage sind, sich selbst zu schreiben und zu laden. In diesem Fall spricht man von der sogenannten *Objekt-Persistenz*.

Eine Funktionalität, die dieses realisiert, ist allerdings mit mehreren Problemen konfrontiert[46]. Häufig enthält z.B. ein Objekt Verweise (Zeiger oder Referenzen) auf andere Objekte. Es macht natürlich keinen Sinn, den Wert dieser Verweise (also eine Adresse im Speicher) zu sichern. Vielmehr müssen die so referenzierten Objekte ebenfalls gesichert werden. Allerdings stößt man hier bei Kreisverknüpfungen meh-

---

[43] vgl. [12], MFC-Reference
[44] Behandlung von Ausnahme-Situationen
[45] zu Deutsch: Serialisierung
[46] vgl. [1], Seite 700ff

rerer Objekte erneut auf Schwierigkeiten. Außerdem besitzen Klassen mit virtuellen Funktionen eine sogenannte *virtual function pointer table* (*vtbl*), die die für das *late binding* erforderlichen Sprung-Informationen (Adress-Liste der einzelnen Funktionen) speichert. Diese Tabelle darf natürlich ebenfalls nicht gesichert werden.

Der in den MFC implementierte Mechanismus, der die Objekt-Persistenz ermöglicht und die beschriebenen Probleme behandelt, wird als *Serialization*[47] bezeichnet. Der Begriff kann damit erklärt werden, daß im Fall einer Speicherung die Daten in einen seriellen Datenstrom umgewandelt werden müssen.

Grundlegend für den verwendeten Ansatz ist hier die Idee des objektorientierten Designs, daß jedes Objekt nur für sich selbst zuständig ist. Wird beim Speichern des Zustands, also der Variablen eines Objekts, eine Verknüpfung zu einem anderen Objekt gefunden, so wird dieses aufgefordert, sich ebenfalls zu serialisieren. Voraussetzung dafür ist, daß alle Objekte, die von einer Serialisierung betroffen sind, von *CObject* abgeleitet sind und somit die nötige Funktionalität (insbesondere die *Serialize*-Methode) geerbt haben. Ein von den MFC erzeugtes *CArchive*-Objekt, das eine Datei repräsentiert und die entsprechenden Funktionen kapselt, wird an die Serialize-Methoden sämtlicher Objekte weitergereicht. Dort werden – die einzige Handarbeit des Programmiers – die betroffenen Variablen des Objekts in den *Stream* geschrieben bzw. aus ihm gelesen (entsprechend als *Deserialization* bezeichnet). Als weiteres Feature ist es möglich, einen Versionsprüfung einzubauen. Jedes Objekt schreibt bei der Serialisierung seine derzeitige Versionsnummer in die Datei. Bei der Deserialisierung kann diese geprüft werden und ggf. spezielle Aktionen ausgelöst werden.

Die Controlling-Software nutzt beispielsweise diesen Mechanismus, um die Einstellungen einer Abfrage abspeichern zu können.

---

[47]zu Deutsch: Serialisierung

34

Kapitel 5

Die Welt der Patterns

5.1 Idee und Geschichte

Die Objektorientierung war und ist nach wie vor ein Erfolgsthema, da sich mit ihrer Hilfe Effizienz der Software-Entwicklung im Vergleich zu älteren Methoden um ein Vielfaches steigern läßt. Im Zuge dieses Aufschwungs wurde aber noch eine Idee entwickelt, die die ohnehin schon vorhandenen Vorteile der Objektorientierung noch weiter steigern kann.

Gemeint sind die sogenannten *Patterns*[1]. Der Grundgedanke besteht darin, den Nutzen der Wiederverwendung auf einer noch höheren Abstraktionsebene zu suchen.

Die Idee hierzu stammt ursprünglich nicht aus der Informatik. Der Architekt Christopher Alexander stellte bereits 1964 für die Architektur von Städten und Gebäuden fest, daß diese allzu oft die tatsächlichen Bedürfnisse der Menschen nach komfortablerem und besserem Leben nicht erfüllten[2]. 1977 entwickelte er in einem weiteren Buch[3] den Gedanken, daß einige „zeitlose" Design-Merkmale existieren und dabei helfen, die an sich grundlegenden Ziele zu erreichen.

Dieser Gedanke wurde 1987 von Ward Cunningham und Kent Beck für die Informatik entdeckt[4]. Sie stellten fest, daß die Software-Entwicklung (in ihrem Fall mit *Smalltalk*) vor ganz ähnlichen Problemen wie die Architektur stand: Es gab immer wiederkehrende, gleiche Problemstellungen, die bei jedem neuen Versuch in aller Regel nur ungenügend gelöst wurden.

Breite Akzeptanz fand die Idee der Patterns in der Software-Entwicklung dann mit Erscheinen des Standard-Werks „Design Patterns, Elements of Reusable Object-Orientied Software" der sogenannten *Gang of four*, bestehend aus Erich Gamma, Richard Helm, Ralph Johnson und John Vlissides. Sie veröffentlichten in ihrem Buch neben den Grundlagen auch einen Katalog von 23 Design Patterns, die Lösungen für wiederkehrende Probleme beim objektorientierten Design vorschlagen.

Patterns in der Software-Entwicklung sind aber nicht auf das Design einer Anwendung beschränkt, sie wurden auch für viele andere Bereiche (z.B. die Analyse) entwickelt und existieren – theoretisch – auch in allen anderen denkbaren Fachgebieten.

Die beste Definition für ein Pattern liefert Christopher Alexander selbst[5]:

---

[1]zu Deutsch: Muster

[2]Alexander, Christopher; Notes on the Synthesis of Form; Harvard University Press 1964

[3]Alexander, Christopher; A Pattern Language: Towns, Buildings, Constructions; Oxford University Press 1977

[4]vgl. „Using Pattern Languages for Object-Orientied Programs" unter http://c2.com/doc/oopsla87.html

[5]vgl. [8], Seite 2

Each pattern describes a problem which occurs over and over again in our environment, and then describes the core of the solution to that problem, in such a way that you can use this solution a million times over, without ever doing it the same way twice[6].

Ein Pattern liefert also gewissermaßen einen Bauplan für eine Lösung zu einem häufig auftretenden Problem. Da es sich aber eben nur um einen Plan handelt, findet hier keine Wiederverwendung von Code statt.

Laut weiterer Definitionen ist eine für ein Problem gefundene Lösung erst dann ein Pattern, wenn sie folgende Eigenschaften erfüllt:

- Die Lösung ist nicht nur für einen speziellen Anwendungsfall gültig, sondern ist allgemein für ähnlich gelagerte Probleme anwendbar.

- Die Lösung hat sich bereits bei mehreren Einsätzen in der Praxis als tauglich und hilfreich bewährt.

Es ist festzuhalten, daß Patterns nicht *erfunden*, sondern *entdeckt* werden. Entwickler mit viel Erfahrung bemerken vielleicht irgendwann Ähnlichkeiten der vielen Problemstellungen, denen sie bislang begegnet sind, und stellen fest, daß in allen Fällen eine einem bestimmten Muster folgende Lösung zum Erfolg führte. Ein neues Pattern ist somit gefunden.

Der Nutzen bei der Verwendung von Patterns liegt auf mehreren Ebenen[7]. Zum einen wird die Effizienz der Objektorientierung noch weiter gesteigert, da man bereits vorhandene und in der Praxis als gut bewertete Lösungen noch vor Beginn der Implementierung wiederverwendet. Man spart so erneut Entwicklungsaufwand, da bereits vorhandene Lösungen nicht neu erfunden werden müssen und die Gefahr von Fehlern in Form nicht funktionierender Designs verringert wird. Desweiteren sind Patterns auch ein Kommunikationsmittel, da mit wenigen Begriffen ganze Teile des Designs von Anwendungen erklärt und dokumentiert werden können.

In der Literatur zum Thema Patterns stößt man immer wieder auf den Begriff *Pattern-Language*. Darunter versteht man eine Sammlung von Patterns, die gleich einer Methode den Weg zu dem zu erreichenden Ziel vorzeichnen. Alexander erhob für seine Architektur-Patterns genau diesen Anspruch, da bei Anwendung lediglich dieser Muster ein vernünftiges Gebäude entstehen sollte. Gamma und seine Kollegen bezweifeln allerdings – wie bei den Vorgehensmodellen bereits erläutert wurde – sicher zu recht, daß es jemals eine vollständige Pattern-Language für die Entwicklung von Software-Systemen geben wird[8].

In den folgenden Abschnitten wird nun die Anwendung von Patterns in verschiedenen Bereichen der Software-Entwicklung näher erläutert.

5.2 Analysis Patterns

Sowie es nicht nur immer wiederkehrende Aufgaben beim objektorientierten Design von Anwendungen gibt, so gibt es bei der betrieblichen Analyse immer wieder Parallelitäten der Problemstellungen. Entsprechend wurden neben den Design Patterns sogenannten *Analysis Patterns* entwickelt. Sie geben Lösungsvorschläge für die Abbildung von Geschäftsprozessen oder anderer Gebilde eines Betriebes.

---

[6]zu Deutsch: Jedes Patterns beschreibt ein Problem, das immer wieder in unserer Umgebung vorkommt, und beschreibt den Kern der Lösung des Problems so, daß man diese Lösung millionenfach verwenden kann, ohne es jedoch zweimal auf die gleiche Art zu tun.
[7]vgl. [8], Seite 351ff
[8]vgl. [8], Seite 356f

Das Standard-Werk zu diesem Thema stammt von Martin Fowler und trägt den Titel „Analysis Patterns, Reusable Object Models". Neben einem umfangreichen Katalog von Analyse-Mustern weist Fowler hier u.a. auch darauf hin, daß es nicht immer sinnvoll ist, die bestehenden Geschäftsprozesse in einem Betrieb 1:1 in einem Computer-Programm nachzubilden. Ein solcher Umbruch, den der Einsatz einer neuen Software für den Betrieb zwangsläufig mit sich bringt, kann und muß sinnvollerweise auch dazu genutzt werden, die Prozesse zu überdenken und zu optimieren. Die Analyse-Muster helfen nicht nur bei der Entwicklung des konzeptuellen Modells in der Analyse, sondern leisten auch Hilfe beim sogenannten „Business Process Reengineering", also der Optimierung der Geschäftsprozesse[9].

Da in der Controlling-Software aufgrund der Aufgabenstellung keine Analyse-Muster zum Einsatz kommen konnten, sei an dieser Stelle nur eine Gruppe der von Fowler vorgeschlagenen Patterns vorgestellt, um das Prinzip zu erläutern. Für eine weitergehende Betrachtung der Thematik sei auf [7] verwiesen.

Ziel der hier vorgestellten Analyse-Muster ist es, die organisatorische Struktur eines Unternehmens abzubilden. Dafür beginnt Fowler mit dem *Party*-Pattern. Grundlegend ist die Feststellung, daß sowohl Personen als auch Firmen gemeinsame Daten wie z.B. Adresse und Telefonnummern haben, die verwaltet werden müssen. Daher kann man eine Party-Klasse als Abstraktion für beide bilden[10].
Ein weiterer Bestandteil beschäftigt sich mit der Organisationsform von Unternehmen. Hier gibt es häufig übergeordnete Geschäftsbereiche, die anschließend regional gegliedert und dort wieder in Abteilungen unterteilt werden. Würde man für jedes Glied dieser Kette eine eigene Klasse entwerfen, so entstünde ein recht starre und nur schwer wiederverwendbar Struktur. Fowler schlägt für die Abbildung der Hierarchie zunächst eine *Organization*-Klasse vor, die die Basis für alle Teilbereiche bildet und bereits auf ihrer Abstraktionsebene Beziehungen zu Objekten ihrer eigenen Klasse (bzw. abgeleiteten) ermöglicht. Die Wahrung der korrekten Hierarchie wird dabei über *Constraints* gelöst, also sprachlich definierte Bedingungen[11].
Die Organisationsstruktur eines Unternehmes beinhaltet neben der reinen hierarchischen Ordnung der Bestandteile auch eine Beschreibung der Beziehung der Objekte untereinander sowie eventuell eine Zeit-Attribut, wann diese Beziehung besteht. Um diesen Sachverhalt nachzubilden, führt Fowler eine *Organization-Structure*-Klasse ein. Wie auf dem Schaubild 5.1 zu sehen, ist der Organisationstyp, der vormals als Constraint definiert war, hier ebenfalls in einer Klasse abgebildet.

Was für die Organisation einer Firma gilt, gilt auch für Personen, da auch sie in gewissen Beziehungen zu einander stehen können. Daher läßt sich das eben entwickelte Organisationsmodell weiter abstrahieren und ergibt mit dem eingangs erwähnten Party-Pattern das in Abbildung 5.2 dargestellte Konstrukt des *Accountability*-Patterns.

Fowler betreibt hier eine durchaus extreme Form der Abstraktion, die aber zugleich die starke Möglichkeit der Wiederverwendung demonstriert. Anhand dieser Abstraktionen wird auch deutlich, wieviele versteckte Gemeinsamkeiten in den Teilen eines Fachgebiets vorhanden sein können. Ein genauer Blick darauf ermöglicht bei entsprechender Ausnutzung eine Steigerung der Effizienz um ein Vielfaches.
Fowler beschäftigt sich desweiteren mit Patterns u.a. für Bereiche wie Buchhaltung, Handel und derivative Finanzkontrakte.

---

[9]vgl. [7], Seite 10
[10]Aufgrund der recht einfachen Abstraktion sei hier auf eine Darstellung verzichtet. Vgl. ggf. [7], Seite 18f
[11]Für eine Abbildung s. [7], Seite 20

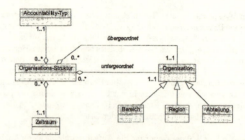

Abbildung 5.1: Organization-Hierarchy-Pattern

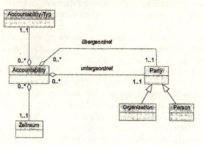

Abbildung 5.2: Accountability-Pattern

5.3 Design Patterns

Dieser Abschnitt beschreibt am Beispiel der Controlling-Software einige häufig in der Praxis auftretende Probleme des objektorientierten Designs sowie deren Lösung mit einigen von Erich Gamma und seinen Kollegen entwickelten Design Patterns. Nach der inzwischen weit verbreiteten Definition der *Gang of four* hat ein Pattern vier grundlegende Elemente, die es beschreiben[12].

- Der *Pattern-Name* ist der Begriff für das Problem sowie dessen Lösung.

- Das *Problem* beschreibt die Umstände, unter denen das Pattern eingesetzt werden kann.

- Die *Lösung* ist eine abstrakte Beschreibung, mit welchen Mitteln des Designs das Problem gelöst werden kann.

- Die *Konsequenzen* beschreiben die Folgen (z.B. für Aufwand, Flexibilität, Erweiterbarkeit usw.) eines Einsatzes des Patterns.

Außerdem ist die Frage interessant, wie Design Patterns kategorisiert werden können[13]. Gamma et al. ordnen ihre Entwurfsmuster drei Bereichen zu:

- *Creational Patterns* beschäftigen sich mit der Erzeugung von Objekten.

- *Structural Patterns* organisieren die Architektur von Klassen und Objekten.

---

[12]vgl. [8], Seite 3
[13]vgl. [8], Seite 9ff

- *Behavioral Patterns* helfen bei der Interaktion und der Steuerung der Objekte.

Im folgenden wird aus den drei Bereichen jeweils ein Pattern vorgestellt.

An einem Beispiel aus der Controlling-Software wird nun der mögliche Einsatz eines der Creational Patterns erläutert.
In der momentanen Spezifikation basieren die Abfragen des CS-Programms auf zwei Tabellen. Zum einen sind Umsatz- und Stundenzahlen Kunden bzw. Projekten zugeordnet, zum anderen den verschiedenen Mitarbeitern. Entsprechend gibt es zwei Abfrage-Teile, *QueryManager* genannt, in denen die jeweiligen Besonderheiten der Abfragen implementiert sind. Um für eine gemeinsame Schnittstelle zu sorgen, sind beide von einer abstrakte Basisklasse abgeleitet[14].
Während der Initialisierung der Software zur Laufzeit ist es wünschenswert, daß es für die Erzeugung der Objekte ein einheitliches Interface gibt, auch wenn sie unterschiedlichen Klassen angehören. Der Vorteil dabei wäre, daß der Typ der Klasse hier nicht angegeben werden muß. Man gewinnt also Flexibilität.
Eine Lösung für das Problem bietet das leistungsstärkste der Creational Patterns, die sogenannte *Abstract Factory*.
In der UML-Notation stellt sich die Anwendung des Patterns auf das eben beschrieben Problem in Abbildung 5.3 dar.

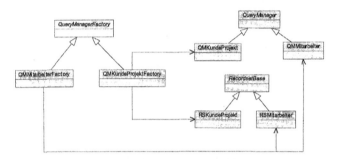

Abbildung 5.3: Abstract-Factory-Pattern

Im rechten Teil sind die für die eigentlichen Aufgaben des Programms notwendigen Klassen dargestellt. Neben der bereits erläuterten QueryManager-Konstruktion sind noch entsprechende Recordset-Klassen vorhandenen, die in MFC-Programmen die Ergebnisse einer Datenbank-Abfrage repräsentieren. Entsprechend der Zweiteilung der Auswertungsmöglichkeiten gibt es auch hier zwei Klassen, die sich von einer gemeinsamen Basis ableiten.
Auf der linken Seite des Diagramms sind die Factory-Klassen zu sehen, deren einzige Aufgabe in der Erzeugung anderer Objekte liegt. Auch hier gibt es die Konstruktion über eine gemeinsame Basisklasse, die die Schnittstelle nach außen definiert. Die beiden abgeleiteten Klassen übernehmen dann jeweils eine zusammengehörende Gruppe der zu erzeugenden Objekte.
Das *Abstract Factory*-Pattern kann immer dann sinnvoll eingesetzt werden, wenn ein System mehrere ähnliche oder verwandte Objekte zu erzeugen hat, von deren Erschaffung und Komposition aber möglichst unabhängig sein soll.

---

[14]Diese Konstruktion entspricht einem *Bridge-Pattern* (vgl. [8], 151ff) und bietet außerdem den Vorteil der leichten Erweiterbarkeit.

Ein Beispiel für die Anwendung eines Structural Patterns findet sich in der internen Datenverarbeitung der Controlling-Software.
Vor der Auswertung der in den Datenbank-Tabellen vorhandenen Daten werden diese komplett in den Speicher eingelesen. Dieses Vorgehen hat aus Performance-Sicht gleich mehrere Vorteile. Die Auswertungen der Daten, in der Regel also Additionen von Zahlen in Bezug auf verschiedene Gruppenzugehörigkeiten, können wesentlich schneller im Speicher ausgeführt werden. Wenn für jede Operation hingegen eine SQL-Abfrage ausgeführt werden müßte, so hätte dies deutliche Einbußen bei der Geschwindigkeit zur Folge. Ein weiterer Vorteil besteht in der Wiederholung von Auswertungen. In der Regel wird es bei einem Aufruf der Controlling-Software nicht bei einer einzigen Abfrage bleiben. Da die Daten aber nur einmal bei Programmstart eingelesen werden und alles weitere im Speicher stattfindet, zahlt sich hier die Reduktion der Datenbank-Zugriffe noch weiter aus. Aufgrund der überschaubaren Datenmengen sind auch keine Speicherprobleme zu erwarten.
Die interne Speicherung der Daten erfolgt in einer Baumstruktur. Jede Ebene des Baumes stellt eine Spalte des Primärschlüssels in der zugrundeliegenden Tabelle dar. Jeder Knoten repräsentiert einen dort vorkommenden Wert. Die Grafik 5.4 demonstriert die Struktur anhand der Kunde/Projekt-Tabelle.

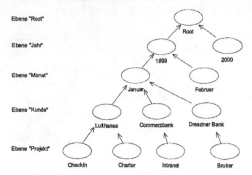

Abbildung 5.4: Interne Baumstruktur

Jeder Knoten beinhaltet neben seinem Wert noch eine weitere Datenstruktur mit Feldern für die Stundenzahl und den Umsatz. In der Datenbank sind diese Zahlen auf die unterste, d.h. detaillierteste Ebene heruntergebrochen[15]. Für die höherliegenden Ebenen können diese Werte in der Baumstruktur einfach durch Addition der darunterliegenden Knoten berechnet werden.
Um eine Baumstruktur zu modellieren, leistet das sogenannte *Composite*-Pattern Hilfestellung. Im UML-Klassendiagramm stellt sich das Pattern übertragen auf das beschriebene Problem in Abbildung 5.5 dar.

Die abstrakte Basisklasse stellt die Grundfunktionalitäten und das Interface für alle Nachfolger bereit. Die abgeleitete Klasse *CTree* bildet einen Container für alle Objekte von der Basisklasse abgeleiteter Typen.

Eine Anwendung eines der Behavioral Patterns läßt sich in der GUI-Verwaltung der Controlling-Software finden.

---

[15]Beispiel: *Umsatz* zum *Projekt* CheckIn beim *Kunden* Lufthansa im *Monat* Januar des *Jahres* 1999.

40

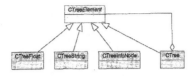

Abbildung 5.5: Composite-Pattern

Die Auswahl der Bereiche (Umsatz, Kunden, Projekte etc.) findet über Buttons statt. Jeder Button löst natürlich eine eigene, speziell ihm zugeordnete Funktion aus. Im objektorientierten Sinne müßte dies nun eigentlich bedeuten, daß jede dieser Schaltflächen einer eigenen Klasse angehört. Bei der Vielzahl wäre es jedoch recht aufwendig, jeden Button über eine eigene Klasse zu pflegen.

In dieser Situation hilft das *Command*-Pattern. Es ermöglicht in diesem Fall die Verwendung einer einzigen Button-Klasse. Wie das Pattern im CS-Projekt umgesetzt wurde, zeigt das UML-Diagramm in Abbildung 5.6.

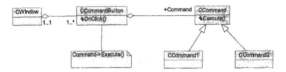

Abbildung 5.6: Command-Pattern

Für jede Funktion, die auf einen Button-Click hin ausgeführt werden kann, existiert eine von der abstrakten Basis *CCommand* abgeleitete Klasse. Die Basisklasse definiert lediglich eine Schnittstelle in Form einer virtuellen Funktion, die von der Button-Klasse als Reaktion auf das Click-Event aufgerufen wird. Zwar gibt es auch hier für jede Funktion eine Klasse, allerdings ist diese wesentlich einfacher strukturiert als eine Button-Klasse und das System gewinnt durch dynamische Zuweisungen an Flexibilität.

Bei näherer Betrachtung der verschiedenen Design Patterns fällt auf, daß die grundlegende Technik der Objektorientierung, auf die fast alle Patterns zurückgreifen, die Polymorphie ist. Wie auch in den drei vorgestellten Patterns der Fall, wird häufig mit Hilfe einer abstrakten Basisklasse eine einheitliche Schnittstelle definiert. Für außenstehende Objekte wird so das dahinterliegende Gebilde an Objekten versteckt.

5.4 Aktuelle Entwicklung und Ausblick

Patterns sind in der aktuellen Erörterung der Objektorientierung das wohl am heißesten diskutierte Thema. Viele sind von den Möglichkeiten der weiteren Effizienzsteigerung fasziniert und entsprechend werden Patterns für immer mehr Anwendungsbereiche entwickelt.

Ein Beispiel dafür sind bei der Firma X entwickelte Verhaltensmuster, die im Projektmanagement zur Risikominimierung eingesetzt werden. Grundidee ist die Feststellung, daß es auch in Projekten immer wieder gleichartige Problemsituationen gibt, die durch ein bestimmtes Verhalten ausgelöst wurden, und ebenso mit bestimmten Mitteln wieder behoben werden können.

41

Das sogenannte „Findling"-Muster besteht beispielsweise darin, daß Meilensteine des Projektes häufig nicht von den Mitgliedern des Teams definiert werden, sondern vom Management oder der Projektleitung. Es wurde festgestellt, daß so die Identifikation der Beteiligten mit den Planungseinheiten verloren geht und eventuelle Terminüberschreitungen nicht mehr als persönliches Problem empfunden werden. Als Lösung wird empfohlen, die Meilensteine sowie den zeitlichen Ablauf des Projektes mit allen Team-Mitgliedern im Konsens festzulegen.

Das „Konzentration"-Pattern beruht auf der Beobachtung, daß Mitarbeiter, auch wenn sie vollständig dem Projekt zugeordnet sind, etwa 10-15% ihrer Arbeitszeit mit dem Tagesgeschäft verbringen. Eine Vernachlässigung dieser Tatsache führt zu Problemen, da die Beteiligten eventuell bei wichtigen Dingen abgelenkt sind. Die bei der Firma X angewendete Lösung besteht darin, den Mitarbeitern bei Bedarf die benötigte Zeit für das Tagesgeschäft zuzugestehen. Ferner wird aber eine Projektkernzeit definiert, in der nur Aufgaben des Projekts bearbeitet werden. Sämtliche Meetings und Entscheidungen finden in dieser Zeit statt.

Eine interessante Entdeckung sind auch die *Anti-Patterns*. Die Autoren des gleichnamigen Buches entdeckten, daß die bei der Software-Entwicklung immer wieder gemachten Fehler ebenfalls bestimmten Mustern folgen. Entsprechend beschreiben sie ein Anti-Pattern als häufig benutzte Lösung zu einem Problem, die allerdings negative Konsequenzen zur Folge hat[16]. Mit Hilfe der von ihnen enttarnten Anti-Patterns erhalten Entwickler Hinweise, wo Fehlerquellen liegen. Außerdem ist es möglich, bei Projekten, die bereits von einem Scheitern bedroht sind, anhand der Muster die Defizite aufzudecken und entsprechende Gegenmaßnahmen einzuleiten. Eines der vorgestellten Anti-Patterns wurde „The Blob"[17] genannt. Dieses Muster liegt vor, wenn in einer Anwendung eine dominierende Klasse existiert, die den größten Teil der Funktionalität des Programms beinhaltet[18]. Andere Klassen übernehmen häufig nur die Aufgabe, Daten zu speichern. Ein weiteres interessantes Anti-Pattern nennt sich „Lava Flow"[19]. Charakteristisch für dieses Muster sind Teile des Source-Codes, die irgendwann einmal geschrieben wurden, dann aber aufgrund eines Technologie-Wandels oder anderer Ursachen nicht mehr zur Anwendung kommen. Gelöscht werden diese Code-Stellen allerdings häufig auch nicht, so daß sie fortan brachliegen. Die Ursachen für Anti-Patterns liegen häufig in Knowhow-Defiziten der beteiligten Entwickler. Etliche beruhen beispielsweise auf einem mangelhaften Verständnis der Objektorientierung, andere sind dagegen mehr auf Nachlässigkeit zurückzuführen.

Dies sind nur einige Beispiele für Anwendungsgebiete von Patterns. Im Internet finden sich zum Beispiel Informationen über *Process Patterns*, die im Entwicklungsprozeß von Software zum Einsatz kommen[20]. Die Entwicklung auf diesem Gebiet ist aber längst noch nicht abgeschlossen und es bleibt abzuwarten, in welchen Bereichen zukünftig noch Patterns entdeckt werden.

---

[16]s. [3], Seite 7ff.
[17]zu Deutsch: Klecks; Ein deutscher Begriff für dieses Pattern ist „Gott-Klasse"
[18]Nebenbei bemerkt entspricht die Anwendungsarchitektur eines „Visual Basic" oder „Delphi"-Programmes ziemlich genau diesem Anti-Pattern. Hier stellt – in jedem Modul – die *Form* die beschriebene Gott-Klasse dar.
[19]zu Deutsch: Lava-Fluß
[20]vgl. www.ambysoft.com

Kapitel 6

Das CS-Projekt

6.1 Vorgaben

In diesem Kapitel wird die dieser Arbeit zugrunde liegende Controlling-Software im Detail vorgestellt.

Die Idee zu einer Controlling-Software stammt von einem der Geschäftsführer, der strukturierte Informationen über Umsatz- und Stundenzahlen erhalten wollte. Die Daten waren in zwei anderen Anwendungen enthalten, konnten dort aber nicht entsprechend ausgewertet werden.

Zu den bereits bestehenden Anwendungen zählt eine Software für die Verwaltung der laufenden Projekte. Teil dieser Access-Anwendung ist auch eine Angebotsverwaltung sowie ein kleiner Bereich für Fakturierungsaufgaben. Die zugrundeliegende Datenbank ist in zwei Bereiche getrennt. Der eine Teil enthält allgemeine Mitarbeiter-, Kunden- und Projektinformationen und dient zugleich als Informationsquelle für das firmeneigene Intranet, wo Auskünfte hierzu abgerufen werden können. Der zweite Teil beinhaltet lediglich intern benötigte Datenstrukturen der Projektverwaltung.

Die zweite Anwendung, die für die Controlling-Software interessante Daten sammelt, ist die sogenannte MTB-Verwaltung. MTB steht für Mitarbeiter-Tätigkeitsbericht und entspricht der elektronischen Version eines Stundenzettels. Es handelt sich hierbei ebenfalls um eine Access-Anwendung. Das Programm nimmt von den Mitarbeitern Angaben entgegen, wieviele Stunden sie mit welchen Tätigkeiten verbracht haben. Die Zahlen werden entweder direkt einem Projekt oder einer von zwölf Kategorien zugeordnet. Zu den Kategorien zählen – wie bereits erwähnt – beispielsweise Meeting, Fortbildung, Krankheit oder Urlaub.

Zwischen beiden Programmen vermittelt noch eine weitere Software einige Daten. Alle Stunden, die in einem Projekt geleistet wurden, werden regelmäßig in die Projektverwaltung übertragen, da sie auch dort fakturiert werden. Die Controlling-Software bezieht jedoch sämtliche Stunden-Daten aus der MTB-Verwaltung. Dies ist notwendig, da zur Kontrolle von Tagessatz- oder Festpreis-Projekten die tatsächlich geleisteten Stunden ausgewertet werden müssen. Diese werden sonst nicht in die Projektverwaltung übertragen.

Ein Problem bei der Planung der Software bestand darin, daß keine detaillierten Angaben zu den gewünschten Analyse-Funktionen zur Verfügung standen. Das Design mußte daher so ausgelegt werden, daß spätere Erweiterungen in Form neuer Abfragen problemlos eingebaut werden können.

6.2 Analyse

Die Abbildung 6.1 beschreibt die grundlegenden Geschäftsprozesse im Problembereich der Controlling-Software[1].

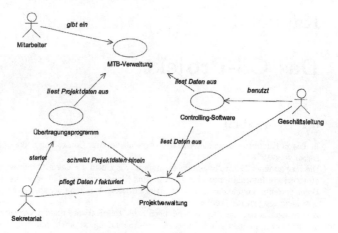

Abbildung 6.1: Umfeld der Controlling-Software

Geschäftsführung sowie Sekretariat pflegen die Daten in der Projektverwaltung. Mitarbeiter tragen ihre Tätigkeitsberichte dazu bei und letztendlich erhält die Geschäftsführung Auswertungen der Daten von der Controlling-Software.
Einer der Use-Cases der Anwendung ist in Abbildung 6.2 dargestellt.

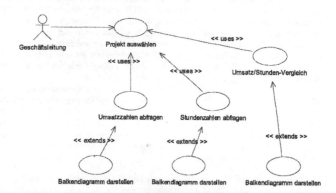

Abbildung 6.2: Use-Case „Controlling"

Das Diagramm ließe sich noch um weitere Darstellungsformen und Abfragefilter

---

[1] Auch wenn hier die Use-Case-Notation verwendet wurde, so handelt es sich nicht um einen Anwendungsfall im eigentlichen Sinne

erweitern. Analog läßt es sich übertragen auf das Abfragen von Kunden- oder Mitarbeiterinformationen. Diese Form der Use-Cases kann gleichzeitig als Grundlage für den Test der Software dienen.
Das betriebswirtschaftliche Klassenmodell, sowohl der kaufmännische als auch der organisatorische Teil, wird in Diagramm 6.3 dargestellt.

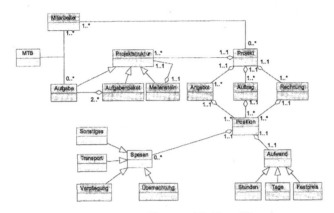

Abbildung 6.3: Klassenmodell „Firma X"

Neben der im rechten Teil dargestellten und bereits als Analyse-Beispiel erläuterten betrieblichen Projekt-Hierarchie ist hier noch die Struktur eines Projektes bei der Firma X abgebildet. Die Klasse „Projektstruktur" bildet die Basis für Aufgabe, Aufgabenpaket und Meilenstein. Ein Aufgabenpaket besteht aus mindestens zwei Aufgaben, ein Meilenstein kann entweder die Form einer Aufgabe oder eines Aufgabenpakets haben. Ein Mitarbeiter steht sowohl mit einer Aufgabe als auch mit einem Projekt in Beziehung. Beschrieben wird diese Beziehung durch die MTB-Klasse, die als Attribute die geleisteten Stunden enthält.

6.3 Klassen- und Objektstruktur

Das Design der Controlling-Software ist in das Framework der *Microsoft Foundation Classes* eingebettet. Wie dies geschehen ist, zeigt das Klassendiagramm in Abbildung 6.4 mit den Hauptbestandteilen der Anwendung.

Deutlich zu erkennen ist die bereits im Kapitel über die MFC vorgestellte Document/-View-Architektur. Eingebettet sind die Klassen hierfür in die Applikationsklasse bzw. das Dokumentenfenster der Anwendung. Desweiteren sind auf dem Diagramm folgende Teile der Anwendung zu erkennen:

- Die Klasse *CTransferManager* sorgt für eine erste Vorsortierung der Daten. Einmal im Monat wird ein solcher Übertragungslauf angestoßen, bei dem die Daten aus der Projekt- bzw. MTB-Verwaltung zusammengefaßt und in zwei eigene Tabellen der Controlling-Software geschrieben werden. Diese Tabellen – eine auf Kunden bzw. Projekte bezogen, die andere auf Mitarbeiter – dienen dann als Grundlage für die Abfragen des Programms.

45

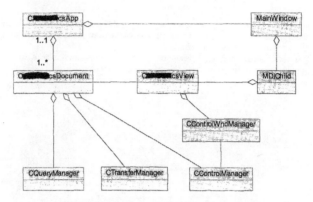

Abbildung 6.4: Klassen-Diagramm „Architektur"

- Die Klassen *CControlManger* bzw. *CControlWndManager* dienen der Verwaltung der Benutzeroberfläche. Der Fenstermanager (*CControlWndManager*) ist von der MFC-Klasse *CWnd* abgeleitet und somit selbst ein Fenster. Auf dem Bildschirm stellt er ein – optisch nicht zu erkennendes – Child-Fenster dar, das alle anderen Fenster mit Elementen zur Definition einer Abfrage enthält. Diese Klasse steuert beispielsweise, welche Detailauswahl in Abhängigkeit des gewählten Oberbereichs eingeblendet wird. Dem Beispiel der Document/View-Architektur folgend, existiert von diesem für die Darstellung verantwortlichen Teil getrennt die Klasse *CControlManager*. Hier werden die Einstellungen, die der Benutzer in den Fenstern vorgenommen hat, ausgewertet und auch – mittels Serialisierung – gespeichert bzw. geladen.

- Die Klasse *CQueryManager* ist, wie bereits an der Notation zu erkennen, abstrakt und definiert das Interface für davon abgeleitete QueryManager-Objekte. Diese sind dafür zuständig, die Auswertungen vorzunehmen und die Daten für deren grafische Darstellung aufzubereiten.

Als nächstes folgt ein näherer Blick auf den Teil der Anwendung, die sich mit der Auswertung der Daten beschäftigt (s. Abbildung 6.5).

In diesem Klassendiagramm sind gleich mehrere *Bridge-Patterns*[2] zu erkennen. Bei diesem Entwurfsmuster dient eine abstrakte Basisklasse als Schnittstellendefinition für davon abgeleitete Klassen. Dem Aufrufer bleibt damit verborgen, mit welchem Objekt er es zu tun hat, womit eine gewisse Unabhängigkeit gewonnen ist.
Das Document als zentrale Steuereinheit enthält einen Zeiger vom Typ der abstrakten Basisklasse *CQueryManager*. Dieser Pointer verweist – je nach gewähltem Bereich der Abfrage – auf eines der beiden realen Objekte der *CQMKundeProjekt*-bzw. *CQMMitarbeiter*-Klasse. Bei einer durch den Benutzer ausgelösten Abfrage ist es für das Document-Objekt nicht mehr von Interesse, welcher QueryManager letztendlich aufgerufen wird. Entsprechend ist diese Abfrage-Funktion davon unabhängig und kann in jedem Fall eingesetzt werden.
Die gleiche Methode wird für die Verwendung der *Recordset*-Objekte herangezogen. Neben der MFC-Basisklasse *CRecordset* wurde – davon abgeleitet – noch eine weitere abstrakte Basisklasse (*CRecordsetBase*) definiert, die z.B. die notwendige Funk-

---

[2]vgl. [8], Seite 151ff.

46

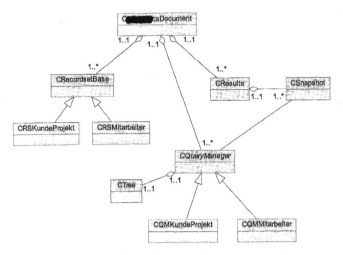

Abbildung 6.5: Klassen-Diagramm „Design Auswertung"

tionalität für die Datenspeicherung in der Baumstruktur bereitstellt. Davon abgeleitet finden sich nun für jede der beiden Input-Tabellen auf Datenbank-Ebene zwei eigene Klassen. Welche von beiden gerade verwendet wird, bleibt der Document-Klasse durch das ebenfalls eingesetzte Bridge-Pattern auch hier verborgen.

Ebenfalls auf dem Diagramm zu sehen ist die Tree-Klasse, die bereits im Abschnitt über das Composite-Design-Pattern detaillierter vorgestellt wurde. In dieser Datenstruktur sind die Daten abgelegt, die aus den beiden Datenbank-Tabellen eingelesen wurden und die Eingangsinformationen für die Controlling-Software stellen. Der QueryManager wertet nun anhand der Einstellungen des Benutzers diese Daten aus und erstellt daraus zunächst sogenannte *Snapshots*, die dann in einer dafür ausgelegten Container-Klasse abgelegt werden. Der Begriff Snapshot hat hier nichts mit dem von Microsoft so genannten Typ einer Datenbank-Abfrage zu tun[3], sondern stellt die zusammengefaßten Daten für einen Zeitabschnitt dar. Falls beispielsweise ein Balkendiagramm über den Umsatz für den Zeitraum von einem Jahr berechnet werden soll, so gibt es für jeden Monat einen Snapshot. Darin enthalten sind die Detaildaten zu jedem Kundenumsatz. Der Balken wird letztendlich berechnet, indem jeder Knoten[4], der z.B. einen Kunden oder ein Projekt repräsentiert, in einen eigenen Balkenabschnitt umgerechnet wird. Diese Abschnitte werden farblich unterschieden und übereinander ausgegeben. Somit ergibt die Gesamthöhe des Balkens den gesamten Umsatz wieder, wobei anhand der Abschnitte die Verteilung auf einzelne Kunden bzw. Projekte zu erkennen ist.

Im Klassendiagramm in Abbildung 6.6 ist der Programmteil dargestellt, der für die Ausgabe der Grafiken auf dem Bildschirm zuständig ist. Auch gelangt hier wieder ein Bridge-Pattern zum Einsatz, das das tatsächlich verwendete Diagramm-Objekt vor dem aufrufenden View verbirgt. Neben den reinen Ausgabe-Funktionen findet

---

[3]Ein *Snapshot* ist hier eine statische Datenbank-Abfrage, wohingegen ein *Dynaset* aktualisiert werden kann.

[4]Hier wird die Knoten-Klasse aus der Tree-Struktur wiederverwendet.

hier auch die Umrechnung der Werte in Bildschirmkoordinaten statt. Der Query-Manager wertet die Daten aus und faßt sie nach verschiedenen Kriterien zusammen, bleibt dabei aber immer auf der Ebene der absoluten Stunden- bzw. Umsatzzahlen. Die so vorbereiteten Daten werden dann vom Diagramm-Objekt in die jeweils passenden Bildschirmkoordinaten umgerechnet. Diese werden ebenfalls in Form von *CSnapshot*-Objekten gespeichert und von der Ausgabe-Routine auch dort ausgelesen.

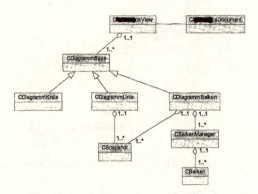

Abbildung 6.6: Klassen-Diagramm „Design Grafikausgabe"

Abschließend in Abbildung 6.7 ein Screenshot der Anwendung, der das Ergebnis einer auf Testdaten basierenden Umsatzabfrage in Form einer Balkengrafik zeigt.

Es sind insgesamt vier *Toolbars* zu erkennen. Die erste enthält lediglich Shortcuts für die Standardfunktionen (Laden, Speichern etc.) des Programms. Die beiden folgenden dienen der Bestimmung der Dimensionen der auszuführenden Abfrage. In der oberen Leiste sind die Buttons für die Auswahl des Hauptbereichs (z.B. Umsatz) zu erkennen. In Abhängigkeit der dortigen Auswahl werden verschiedene Varianten der Detailauswahl (z.B. Kunde) darunter eingeblendet. In der dritten Zeile wird schließlich der auszuwertende Zeitraum festgelegt.
Am rechten Rand bestehen Auswahlmöglichkeiten für die Art der Darstellung des Ergebnisses (Grafik oder tabellarischer Datenbank-Report) sowie ggf. für die Art der Grafik (Balken-, Linien- oder Kreisdiagramm).

48

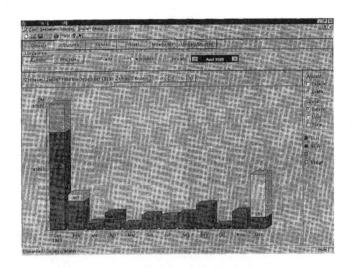

Abbildung 6.7: Screenshot

Kapitel 7

Schlußbemerkungen

Im Verlauf der Arbeit wurden die Probleme erläutert, mit denen die heutige Software-Entwicklung konfrontiert ist. Mit der Vorstellung der objektorientierten Techniken war auch eine Darlegung der Gründe verbunden, warum dieser Ansatz grundsätzlich besser als die bislang eingesetzten Methoden geeignet ist, die aktuellen Herausforderungen zu bewältigen.

An dieser Stelle sollen aber auch noch einige kritische Punkte hierzu angesprochen werden, da trotz der vielen Vorteile der Objektorientierung die Entwicklung von Software-Systemen nach wie vor nicht als problemlos bezeichnet werden kann.

Einer der zu erwähnenden Punkte ist der teilweise höhere Aufwand zu Beginn des Software-Lebenszyklus. Im Verhältnis zum SA/SD-Ansatz ist es bei überschaubaren Projekten schwieriger, ein „gutes" objektorientiertes Design zu entwerfen, als mittels der strukturierten Vorgehensweise zu einem Ergebnis zu gelangen. Die Vorteile der Objektorientierung zahlen sich häufig erst im Nachhinein aus, wenn es also um die Wartung und Erweiterung des Programms geht. Der SA/SD-Ansatz kann für einzelne Projekte daher durchaus der bessere sein, wenn diese z.B. nicht zu komplex sind, genau definierte Requirements haben, und später nicht mehr geändert oder erweitert werden müssen[1]. Es muß vor einer Entscheidung also immer geprüft werden, ob das geplante Vorgehen unter den gegebenen Umständen angemessen und wirtschaftlich ist.

Diese Frage stellt sich beispielsweise auch während des Designs einer objektorientierten Anwendung. Es kann u.U. die richtige Entscheidung sein, etwas „dicht am Problem" zu modellieren, als Aufwand für eine elegante hochabstrahierte Lösung zu betreiben, die im Nachhinein allerdings nie wieder verwendet wird.

Behält man jedoch eine Auge auf die Verhältnismäßigkeiten, so ist in den meisten Fällen der objektorientierte Ansatz nicht zu schlagen. Mit keiner anderen bekannten Methode läßt sich die Effizienz der Software-Entwicklung auch nur annähernd so steigern, wie mit den Techniken der Objektorientierung. Und nur darauf kommt es an.

---

[1] Ob es solche Projekte allerdings gibt, sei dahingestellt.

Literaturverzeichnis

[1] Aupperle, Martin; Programmierhandbuch Visual C++ Version 1.5; Vieweg 1994

[2] Booch, Grady; Objektorientierte Analyse und Design; Addison Wesley 1994

[3] Brown, William J. et al.; Anti-Patterns; Wiley 1998

[4] Buchheit, Marcellus; Windows-Programmierbuch; Sybex 1992

[5] Dröschel, Wolfgang et al.; Inkrementelle und objektorientierte Vorgehensweisen mit dem V-Modell 97; Oldenbourg Verlag 1998

[6] Fowler, Martin und Scott, Kendall; UML distilled; Addison Wesley 1997

[7] Fowler, Martin; Analysis Patterns; Addison-Wesley 1997

[8] Gamma, Erich et al.; Design Patterns; Addison-Wesley 1995

[9] Lafore, Robert; Objektorientierte Programmierung in Turbo C++; tewi-Verlag 1992

[10] Larman, Craig; Applying UML and Patterns; Prentice Hall 1998

[11] McConnell, Steve; Code complete; Microsoft Press 1993

[12] Microsoft Corporation (Hrsg.); MSDN Library, Visual Studio 6.0a; Microsoft, Oktober 1998

[13] Müsken, Verena und Schult, Dr. Thomas J.; Objektkunst; c't 4/96, Heise Verlag 1996

[14] Oestereich, Bernd; Objektorientierte Softwareentwicklung mit der UML; Oldenbourg Verlag 1997

[15] Pree, Wolfgang; Komponentenbasierte Software-Entwicklung mit Frameworks; dpunkt-Verlag 1997

[16] Rumbaugh, James et al.; Objektorientiertes Modellieren und Entwerfen; Prentice Hall 1993

[17] Schader, Martin; Objektorientierte Systemanalyse; Springer 1996

[18] Sedgewick, Robert; Algorithmen; Addison Wesley 1992

[19] Siering, Peter; Ausweg aus der Software-Krise: OpenSource?; c't 6/99, Seite 186, Heise Verlag 1999

[20] Singer, Gilbert; Object Technology Strategies and Tactics; SIGS 1996

[21] Standish Group; Chaos-Report; im Internet unter
http://www.standishgroup.com/chaos.html

[22] unbekannt; The Software Crisis; im Internet unter
http://www.doc.mmu.ac.uk/online/SAD/T02/swcrisis.htm

[23] Yourdon, Edward et al.; Mainstream Objects; Prentice Hall 1996

Diplomarbeiten Agentur

Die Diplomarbeiten Agentur vermarktet seit 1996 erfolgreich Wirtschaftsstudien, Diplomarbeiten, Magisterarbeiten, Dissertationen und andere Studienabschlußarbeiten aller Fachbereiche und Hochschulen.

Seriosität, Professionalität und Exklusivität prägen unsere Leistungen:

- Kostenlose Aufnahme der Arbeiten in unser Lieferprogramm
- Faire Beteiligung an den Verkaufserlösen
- Autorinnen und Autoren können den Verkaufspreis selber festlegen
- Effizientes Marketing über viele Distributionskanäle
- Präsenz im Internet unter **http://www.diplom.de**
- Umfangreiches Angebot von mehreren tausend Arbeiten
- Großer Bekanntheitsgrad durch Fernsehen, Hörfunk und Printmedien

Setzen Sie sich mit uns in Verbindung:

Diplomarbeiten Agentur
Dipl. Kfm. Dipl. Hdl. Björn Bedey –
Dipl. Wi.-Ing. Martin Haschke ——
und Guido Meyer GbR ————

Hermannstal 119 k ————
22119 Hamburg ————

Fon: 040 / 655 99 20 ————
Fax: 040 / 655 99 222 ————

agentur@diplom.de ————
www.diplom.de ————

www.ingramcontent.com/pod-product-compliance
Lightning Source LLC
LaVergne TN
LVHW092352060326
832902LV00008B/980